익숙해지지 마라
행복이 멀어진다

익숙해지지 마라
행복이 멀어진다

김이율 지음

어른이
되면서
놓치고 있는
것들

지식너머

프롤로그

어른으로 살면서
점점 잃게 되는
소중한 것들

　한강대교를 건너다보면 저 멀리 보이는 게 있습니다. 바로 63빌딩입니다. 그 빌딩을 보고 있자니 사랑도, 인생도, 꿈도 예전과 사뭇 다르다는 생각이 듭니다. 예전에는 뜨거웠고 강렬했고 진취적이었는데…. 조금씩 그 빛깔과 맛을 잃어가는 듯합니다. 똑같은 하루, 똑같은 일상, 똑같은 시간의 반복 속에서 어쩌면 당연한 결과이겠지요.

　오늘도 우리는 무표정으로 혹은 짜증스러운 표정으로 아침을 맞이하고 지친 모습으로 혹은 공허한 마음으로 저녁을 내려놓습니다. 언제부터 이런 걸까요? 언제부터 우리 가슴 속에 '설렘'이란 감정이 힘을 잃어갔던 걸까요?

　아마도 '익숙함'을 받아들이는 그 순간부터일 겁니다. 익숙함, 그건 좋은 점이 많습니다. 부담도 없고 편안하며 다루기 쉽습니다. 그런데 문제는 좋은 점만 있는 게 아니라는 겁니다. 되레 너무나 익숙한 나머지 놓치고 마는 것들이 생겨납니다.

　오늘의 가치를 모르고 아무 의미 없이 하루를 보내기도 하고 가족이 편하다는 이유로 함부로 대하기도 합니다. 햇살의 포근함, 골목의 정겨움, 꽃들의 향기가 주는 고마움도 잊은 채 살아갑니다. 이렇듯 우리의 감정은 점점 무감각해지고 무뎌집니다. 더 이상은 감정의 샘이 고갈되어선 안 됩니다. 겉으로는 끊임없이 행복해지고 싶다고 말하지만, 정작 우린 일상과 행복을 별개로 생각하는지도 모릅니다. 행복이란 좀 더 특별한 그 무언가라고 믿고 있는지도 모릅니다.

    이 책은 우리들이 살기에 바빠 미처 챙기지 못한 작지만 소중한 가치에 관한 이야기입니다. 소소한 일상의 에피소드에서부터 영화나 책에서 발견한 따사로움이 포함되어 있습니다. 한 장, 한 장 마음의 눈으로 읽으면서 정말로 내게 소중한 것이 무엇이고 내가 지켜야 할 것이 무엇이며 내 가슴을 뛰게 하는 것이 무엇인가를 점검할 수 있는 시간을 가졌으면 합니다.

    그렇게만 된다면 저는 행복할 것입니다. 다시금 설렐 것입니다. 마지막으로 당신의 인생을 응원합니다. 온 우주의 행복이 오늘만큼은 당신에게 허락되길 기원합니다.

_ 저자 김이율

Contents

어른이
되면서
놓치고 있는
것들
01

너무나 익숙해서,
지키기 위한 노력을
잊고 살았다

갑작스런 빈자리, 더 이상 당연한 건 없었다	012
사랑도 시간을 먹으면 변한다, 그래도 시작했다면	019
언제나 괜찮다, 괜찮다고 말해주는 단 한 사람	028
죽을 만큼 후회해놓고도 똑같이 반복되는 전화 통화	036
관심이란 그 사람이 힘들어하는 걸 알아채는 것	041
지금 어디에 있는지, 누구와 있는지	047
감정을 다스리는 연습, 똑똑하게 화내는 연습	056
아이를 바꾼 건 결국 부드러움이었다	064

어른이
되면서 △
놓치고 있는
것들
02

너무나 익숙해서,
작은 것들의 소중함을
잊고 살았다

동물원, 짜장면, 그리고 필름카메라   074
세상에서 가장 기억에 남는 선물 하나   079
그렇게 그냥 스쳐지나간 수많은 이름들의 기억   086
첫사랑을 할 때처럼 처음을 준비하는 마음   095
인생의 즐거움, 그 숨은그림찾기   100
그 노래, 가슴이 뜨거워졌다   107
한때나마 알고 지냈던 사이, 그래서 인생이란   115

어른이
되면서
놓치고 있는
것들
03

너무나 익숙해서,
내 자신의 가치를
잊고 살았다

어린 시절 먹었던 샛노란 바나나의 맛처럼   124
고단한 밥벌이가 나를 지치게 만들 때   133
카피 인생이 아닌 나만의 향, 몸짓 그리고 생각   140

잡초처럼 세상을 향해 고개 내밀기	146
이미 특별한 오늘을 살고 있다	154

어른이 되면서 놓치고 있는 것들
04

너무나 익숙해서, 어떻게 살고 싶은지를 잊고 살았다

조금은 헐렁하게, 조금은 느슨하게	162
어린아이처럼 의심 없이 살아가기	168
소심함과 섬세함 사이에서	175
조바심을 강물에 던져버리는 일	184
불필요한 것들을 버리고 포기를 선택했다	191
백지가 되어버린 다이어리의 기억들	198
오락실 게임 한 판, 그땐 순수하게 만족했지만	204
아무 일도 일어나지 않을 거라는 믿음	212
만약 그 누군가의 희생이 없었다면	218

어른이
되면서
놓치고 있는
것들
05

너무나 익숙해서,
당연한 말들의 의미를
잊고 살았다

어둡고 긴 터널에도 끝이 있다는 사실	224
몇 살 더 어려져도, 몇 살 더 나이 먹어도	232
틀을 벗어나지 않는다면, 그것은	239
마지막 순간에 흔들릴 때, 끝까지 하는 힘	246
어디선가 나를 보고 있는 수많은 시선들	253
돈과 성공이 인생의 전부가 아니라는 뻔한 말	259
위대함과 평범함을 가르는 아주 작은 사소한 차이	266

01

어른이 되면서 놓치고 있는 것들

너무나
익숙해서,
지키기
위한
노력을
잊고
살았다

갑 작 스 런
빈 자 리 ,
더 이 상
당 연 한 건
없 었 다

우리는 종종 익숙한 것들에 대한 소중함을 잊어버릴 때가 있습니다. 늘 우리 곁에 영원히 있을 거라고 착각하기 때문이겠지요. 그 자리에 있는 걸 너무나 당연하게 여기다 보니, 때로는 함부로 대하거나 무시하기도 합니다. 내가 편안하고 자유롭게 웃을 수 있는 이유가 다 그 익숙한 것들의 노고와 희생 덕분이라는 걸 까마득히 모릅니다. 다 자기가 잘나서 그런 줄 압니다.

그러다가 그 익숙한 것들이 하나둘 사라지면 비로소 소중함을 깨닫게 됩니다. 따사로운 햇살의 고마움을 모르다가 장마가 지겹도록 지속되면 햇살의 소중함을 알게 되고, 뜨겁고 건조한 날이 연이어 계속되면 바람 한 점의 시원함을 간절히 그리워하듯, 늘 사라진 후에야 그 빈자리를 느끼게 됩니다.

저 역시 그랬습니다. 익숙함에 젖어 그 소중함을 알지 못했습니다.

제 아내의 이야기입니다. 올봄, 아내가 병원에 입원을 했습니다. 오후 내내 복통으로 시달리던 아내. 조금 있으면 진정될 거라 생각했는데 저녁이 되니 복통은 더더욱 심해졌습니다. 나중에는 아랫배를 움켜잡더니 울기 시작했습니다.

"괜찮아? 안 되겠다. 병원에 가야겠어."

상황이 이렇다 보니 더 이상은 방법이 없었습니다. 응급실에 가기로 결정했습니다.

"지금 엄마랑 아빠는 병원에 가야 하니까 넌 10시 되면 자도록 해."

"저도 같이 가면 안 돼요?"

"지금 가면 새벽에나 올 거야, 넌 내일 학교도 가야 되잖

아. 문단속 잘하고 자."

아이의 눈망울은 이미 촉촉이 젖었습니다. 혼자서 자야 한다는 게 두려웠던 모양입니다.

"어쩔 수 없어. 잘 있어. 간다."

아내를 데리고 대학병원 응급실로 향했습니다.

응급실에 도착하자마자 의사의 몇 가지 질문에 대답을 한 후, 곧바로 X-레이며 피검사 등 기본적인 검사를 했습니다. 링거랑 진통주사도 맞았습니다. 그래도 쉽사리 통증이 가시지 않았습니다. 요즘 유행하는 바이러스에 의한 급성장염이라는 진단을 받았습니다.

결국 다음날 입원수속을 했습니다. 한 3,4일 정도 치료를 받으면 호전된다고 했습니다. 저는 일단 집으로 돌아와 학교를 마치고 온 아이를 챙긴 후, 다시 간단한 짐을 꾸려 병원으로 향했습니다. 아이가 자꾸 병원에 따라가겠다고 했지만 그냥 집에 있으라고 했습니다. 병원에 병균이 많아서 어린이에겐 좋지 않으니 괜히 데려오지 말라는 아내의 당부가 있었기 때문이었습니다.

아내는 몇 가지 검사를 더 했습니다. 알고 보니 췌장 쪽에도 이상이 있었습니다. 처음 들었던 말과는 달리, 열흘 아니 넉

넉히 2주 정도 치료를 받아야 할 상황이었습니다. 금식은 물론이고 물 한 잔도 마실 수 없었습니다. 허락된 물이라곤 그저 입술만 적실 수 있을 정도. 췌장을 쉬게 해줘야 하기 때문에 오직 링거로만 버텨내야 했습니다.

아내가 병원에 있다 보니 집은 점점 엉망이 되어갔습니다. 빨랫감과 먼지는 쌓여가고 설거지거리도 수북해지고 음식쓰레기 역시 휴지통 밖으로 넘쳐흘렀습니다. 낮에는 병원에서 아내를 돌보고, 밤에는 집에서 아이를 챙기느라 저 역시 바쁜 몸이 되었습니다.

특히 아이 챙기는 게 만만치 않았습니다. 숙제도 봐줘야 하고, 일기를 잘 썼는지 검사도 해야 하고, 준비물도 빠짐없이 챙겨줘야 하고, 갈아입을 옷도 내놓아야 하고, 밥도 챙겨줘야 하고, 간식도 줘야 하고…. 엄마처럼 꼼꼼하게 챙겨주진 못해도 나름 부족함 없이 챙겨주기 위해 노력했습니다. 계란과 햄, 당근, 참치를 넣은 볶음밥을 해주기도 하고 스파게티를 만들어주기도 했습니다. 하지만 상황이 이렇다 보니 제 일은 할 수가 없었습니다. 일단 제 일은 올 스톱 했습니다. 아내의 빈자리가 크다는 걸 새삼 느꼈습니다.

익숙함을 지겨움으로 받아들이는 순간,
우리는 그토록 원하던 행복과 점점 더 멀어지고 만다.
너무나 뻔해서 자주 잊어버리는 것 중 하나,
익숙할수록 소중한 거다.

일주일째가 되니 아내의 빈자리가 점점 크게 느껴졌습니다. 일이며 가정이며 제대로 돌아가질 않았습니다. 그런데 아이는 엄마의 부재에 대해 그다지 크게 신경을 쓰는 것 같지 않았습니다. 아빠가 알아서 챙겨주고, 때 되면 밥도 주고, 엄마의 잔소리도 없고…, 완전히 자기 세상을 만난 듯했습니다. 공부는 거들떠보지도 않은 채 오직 TV에만 매달렸고 방에는 온갖 장난감이 널브러져 점점 난장판이 되어갔습니다. 이러면 안 되는데. 아이에게도 엄마의 소중함을 일깨워줘야겠다고 생각을 했습니다.

작전이 시작되었습니다. 우선 학교 준비물을 일체 챙겨주지 않았습니다. 그러자 아이는 난감해했습니다. 밥을 줄 때도 일부러 하루는 아주 진밥을, 또 하루는 설익은 밥을 줬습니다. 반찬은 김치와 깻잎만 줬습니다. 간식도 주지 않았습니다. 아이도 서서히 엄마 없는 불편함을 느끼기 시작했는지 대뜸 이렇게 말하는 겁니다.

"아빠, 엄마 언제 와요?"

"왜? 엄마 없으니까 힘들지? 엄마가 있어야 되겠지?"

그날 아이는 엄마에게 연필로 꾹꾹 눌러 편지를 썼습니다. 빨리 건강해져서 돌아오라는 것과 사랑한다는 말이었습니다. 아이의 편지를 본 아내는 정말 기뻐했습니다. 엄마 빈자리 알려주기 작전은 이렇게 성공할 수 있었습니다.

지금 당신 곁에 누가 있습니까? 너무나 익숙한 나머지 그 존재에 대해 소홀히 했을지도 모릅니다. 당연한 존재로 여겨 함부로 대하고 구박했을지도 모릅니다.

당신이 정말 힘들고 벼랑 끝으로 내몰렸을 때, 끝까지 당신을 믿고 힘을 줄 사람은 바로 익숙한 그 사람, 가까운 그 사람입니다. 그 사람이 있기에 당신이 존재하는 겁니다. 익숙함이 때론 지겨움으로 발전할 수도 있습니다. 그러나 그 지겨움의 동의어가 바로 '소중함'이라는 사실을 잊지 않았으면 합니다.

오늘 바람이 달달하고 볕도 참 따뜻합니다. 마음을 전하기에 딱 좋습니다. 당신의 소중한 존재에게 다가가 손을 잡으십시오. 고맙습니다, 사랑합니다, 그 말을 전합시다. 저 역시 쑥스럽고 화끈거리지만 그렇게 한 번 해보렵니다.

사 랑 도
시 간 을
먹 으 면
변 한 다,
그 래 도
시 작 했 다 면

사람마다 좋아하는 영화 장르가 다릅니다. 어떤 사람은 화끈한 블록버스터급 액션물을 좋아하고 또 어떤 사람은 눈물 쏙 빼는 최루성 멜로물을 좋아합니다. 또 어떤 사람은 초현실적인 존재나 마법이 등장하는 판타지물을 좋아합니다.

    저 역시 좋아하는 장르가 있습니다. 주변에서 흔히 부딪칠 수 있는 이야기를 유쾌하고 때론 진지하게 풀어내는 일상 영화를 좋아합니다. 이런 류의 영화를 가장 잘 만드는 감독은 단연 홍상수 감독일 겁니다. 그러고 보니 그의 작품은 거의 다 본 것 같습니다. 작품마다 감독만의 독특한 시선과 느낌이 있어 매력적인데다가 특히 영화 전반에 걸쳐 사랑이라는 소재를 다루기 때문에 더 흥미롭게 느껴집니다. 수준 낮은 사랑이든 영혼이 높은 사랑이든 평범한 사랑이든 특별한 사랑이든 지루한 사랑이든 속도 빠른 사랑이든 피곤한 사랑이든 진실한 사랑이든, 그의 영화 안에는 늘 사랑이 존재합니다.

홍상수 감독 류의 영화를 찾다가 최근에 눈에 들어온 영화 한 편이 있습니다. 강이관 감독의 『사과』라는 영화인데 잠시 소개해드리겠습니다.

현정(문소리 분)은 가족 여행도 미루고 7년 사귄 애인인 민석(이선균 분)과 여행을 갑니다. 그런데 여행지에서 민석으로부터 뜻밖의 얘기를 듣습니다.

"우리 그만 헤어지자."

현정은 농담인 줄 알고 명랑하게 대답합니다.

"그래. 그럼 우리 오늘은 그만 헤어지고 내일 다시 만나자. 안녕!"

그러자 민석은 심각한 표정으로 다시 말합니다.

"내가 점점 없어지는 것 같아."

그제야 현정은 민석의 마음이 진심임을 압니다. 현정은 그 상황을 받아들일 수 없었습니다. 곧 있으면 결혼을 할 거라 생각했는데 이별이라니!

며칠 후, 현정은 다시 민석을 찾아갑니다.

현정은 민석에게 묻습니다.

"한 가지만 물어볼게. 너 나 사랑하니?"

"사랑하지 않는 것 같아."

민석의 대답을 마지막으로 그 둘은 헤어졌습니다. 혼자가 된 현정의 빈 가슴을 상훈(김태우 분)이 파고듭니다.

"저랑 사귀어보실래요? 남자친구랑 헤어졌다는 거 다 알아요."

상훈의 순수한 구애에 현정의 마음은 조금씩 열립니다.

"도대체 제가 어디가 그렇게 좋다고 그러시는 거예요?"

"현정 씨가 이 빌딩에서 제일 예쁘잖아요."

현정은 상훈과 결혼을 하지만 행복은 그리 오래가지 못합니다. 현정은 상훈에 대한 애틋함이 점점 커져가지만 상훈은 결혼 전과는 달리 점점 무뚝뚝해지고 마음도 닫고 삽니다. 결국 둘은 이혼의 수순을 밟게 됩니다.

그러던 중 현정 앞에 민석이 다시 나타납니다. 민석은 현정에게 이렇게 말합니다.

"너를 잊은 적이 한순간도 없어."

민석의 말에 현정은 마음이 복잡해지고 현정과 민석 그리고 상훈의 앞날은 알 수 없는 미로에 빠지는 사이, 영화는 스스로 잠이 들 듯 끝이 납니다.

이 영화를 보고 사랑에 대해 느낀 게 있습니다. 사랑을 시작하는 것보다 더 어려운 건 그 사랑을 지켜내는 것이라는 것.

그런 것 같습니다. 누구나 다 잊지 못할 사랑을 합니다. 그때는 사랑이 인생의 전부라고 생각합니다. 사랑에 눈이 멀어 아무것도 보이지 않고, 주위 사람의 조언도 들리지 않습니다. 사랑에 빠진 자는 스스로 통제할 수 없는 감정의 늪에 빠지게 됩니다.

그런데 어느 정도 시간이 흐르고 눈에 쓴 콩깍지가 서서히 벗겨지면 보이지 않았던 단점이 보이기 시작하고 절대로 이해되지 않는 것들이 속속 생겨납니다. 설렘은 익숙함으로, 익숙함은 다시 지루함으로, 지루함은 다시 갈등과 반목으로 발전해갑니다. 끝내는 서로 무관심해지거나 등을 돌리게 됩니다. 이게 현실입니다. 같은 곳을 바라본다고 생각했는데 그건 착각이었고 마주보고 있으면서도 다른 생각을 하게 됩니다.

이러한 사랑의 속성을 셰익스피어는 작품 『한여름 밤의 꿈』에서 헬레나의 입을 빌어 이렇게 말합니다.

"사랑에 빠져 있을 때는 형편없는 것도 아름답게 보인단 말이야. 눈으로 보는 것이 아니라 마음으로 보니까 그런 걸 거야. 그러니까 날개 달린 사랑의 큐피드가 장님으로 그려졌지. 그뿐인가, 사랑은 눈도 없이 날개만 있으니까 분별력 없는 철부지처럼 서두르기만 하지. 그러니 사랑의 신이 어린애인 게 당연하지. 그래서 늘 실수투성이라니까. 사랑의 신은 마치 장난꾸러기처럼 지키지도 못할 맹세를 함부로 하고, 여기저기에서 거짓말만 하고 다닌다니까. 드미트리어스도 허미아의 눈을 보기 전까지는 내가 자기 사랑의 전부라고 맹세를 우박처럼 쏟아 대더니만 허미아에게 반하자마자 우박 같은 맹세도 그만 녹아 없어져 버리고 말았잖아."

사랑도 시간을 먹으면 변합니다. 처음 느꼈던 그 감정을 우리가 사랑을 위해서 노력하는 건 무엇이 있을까?
사랑도 시간을 먹으면 변한다. 그래도 시작했다면…

지켜내는 것이 사랑에 대한 예의.

언제까지 그대로 간직할 순 없습니다. 그렇다고 모든 사랑이 다 그런 건 아닙니다. 변하는 것을 막거나 변하는 속도를 최대한 늦추도록 노력해야 합니다. 시작했다면 지켜내는 것이 사랑에 대한 예의이기 때문입니다.

그렇다면 사랑의 지속을 저해하는 요소가 뭘까요? 크게 두 가지로 볼 수 있습니다. 하나는 이기심이고 다른 하나는 소통 부재입니다.

영화 『사과』에서도 예외 없이 사랑의 저해 요소가 나옵니다. 민석은 현정에게 일방적으로 이별 통보를 합니다. 그리고 몇 년 후에 나타나 다시 사랑을 구걸합니다. 싫다고 헤어질 때는 언제고 이제 와서 너밖에 없다니. 이게 말이 됩니까? 이것처럼 뻔뻔하고 이기적인 마음이 어디 있습니까?

나 자신을 사랑한다는 건 멋진 일입니다. 그러나 남녀 간의 사랑에 있어서만큼은 나보다 상대를 더 많이 사랑해야 합니다. 그렇지 않으면 결과는 뻔합니다.

민석 역시 헤어진 이유에 대해 이렇게 말합니다.

"그땐 미안했어. 나는 너보다 나 자신을 더 사랑했던 것 같아."

내 안의 이기심이 있다는 건 곧 결별로 가는 수순을 밟고 있다는 걸 의미합니다.

인물들간의 소통 부재도 쉽게 찾아볼 수 있습니다. 현정과 결혼을 한 상훈은 속마음을 내비치지 않습니다. 예를 들어 상훈은 구미로 일터를 옮깁니다. 자기 혼자 고생하면 된다는 생각에 혼자서 결정한 것입니다. 상훈의 일방적인 결정에 현정은 자신이 무시당했다고 생각합니다. 결국 현정은 상훈에게 이혼을 요구하며 이렇게 묻습니다.

"내가 왜 그러는 줄 알아?"

소통을 원했던 현정에게 상훈은 엉뚱하게도 이렇게 말합니다.

"내가 못난 놈이니까."

끝내 둘은 하나가 되지 못합니다.

우리는 사랑에 있어서 그 누구보다도 잘 안다고 자부합니다. 그런데 막상 그 실상을 들여다보면 제대로 된 사랑을 이어나가는 사람은 드뭅니다. 이기심과 소통 부재로 인해 지금 이 순간에도 사랑은 흔들거리고 인생은 뒤죽박죽이 되어갑니다.

사랑이 점점 가벼워지고 이별이 참 쉬운 시대에 살고 있습니다. 그렇다고 언제까지고 남 탓만 하고 있을 수는 없겠지요. 상대의 잘못이나 문제점을 따지기 전에 내 허물은 없었는지 먼저 반성해야 하지 않나 싶습니다. 혹여 상대가 던진 독설에 더 강한 독설로 응수하진 않았던가요. 내 입장에서만 모든 걸 판단한 건 아닌가요. 상대가 이럴 거라 단정 짓고 멋대로 결정한 건 아닌가요. 저 역시 그랬던 것 같습니다. 늘 사랑 안에서 산다고 생각했는데 막상 사랑을 위해서 특별히 노력을 한 건 없는 것 같습니다.

　　사랑, 이 오묘한 것은 시작도 어렵고 지켜내는 건 더 어렵습니다. 그렇다고 사랑 없이 인생을 살 순 없습니다. 사랑 빼면 인생에서 무엇이 남습니까? 죽이 되던 밥이 되던 독이 되던 꿀이 되던 사랑, 어찌됐든 우리는 사랑을 하며 살아야 합니다. 사랑을 지키기 위해 앞으로 어떤 노력을 해야 할지 점검이 필요한 시점입니다.

언 제 나
괜 찮 다,
괜 찮 다 고
말 해 주 는
단 ▲
한 사 람

이 세상에서 가장 강한 사람이 누굴까 생각해본 적이 있습니다. 권력을 가진 자일까? 괴력을 가진 격투기 선수일까? 탄탄한 논리력으로 무장한 학자일까? 고통을 참아내는 차력사일까? 물론 이러한 사람들도 강합니다.

    그러나 이 사람만큼 강하진 못할 것입니다. 이 사람만큼 위대하진 못할 것입니다. 짐작하셨겠지만, 그건 바로 '어머니'

입니다. 여기서 말하는 강함은 그저 힘의 세기만을 의미하지 않습니다. 강하다는 걸 다른 말로 치환하면 사랑이고 희생일 것입니다.

어머니는 평소에 그리 강한 편이 아닙니다. 어머니도 여자인지라 힘이 약하고, 작은 서운함에도 눈물을 보일 때가 있습니다. 그런데 희한하게도 그 누구도 범접할 수 없는 강한 힘이 솟구치는 순간이 있습니다. 바로 자식 일에 관해서만큼은 놀라운 힘을 발휘합니다. 자식이 옳은 길로 갈 수 있다면, 자식이 훌륭하게 자랄 수 있다면, 자신에게 주어지는 고된 시련과 아픔을 기꺼이 받아들입니다. 때론 자식을 훌륭하게 성장시키기 위해 모질고 독한 사람으로 변하기도 합니다. 그게 모든 어머니의 마음이며 자식을 향한 맹목적인 사랑입니다.

이 세상의 강하고 위대한 어머니들에 대해 생각하다 보면, 저는 예전에 신문기사로 접한 세진이 엄마가 떠오릅니다.

세진이와 엄마의 만남은 보육원에서 시작되었습니다. 엄마는 보육원에서 봉사활동을 하다가 그곳에서 유난히 눈망울이 맑은 세진이를 처음 만나게 되었습니다. 세진이와 정이 든 엄마는 세진이를 입양하기로 결심했습니다.

다리가 불편했던 세진이는 뼈를 깎는 수술을 네 차례나 받고 가까스로 의족을 착용할 수 있었습니다. 엄마는 그런 세진이를 이 세상에서 당당히 살아갈 수 있는 강한 아이로 키우고 싶었습니다. 세진이가 의족을 끼고 걸음마를 배우던 날, 엄마는 일부러 세진이를 밀어 넘어뜨렸습니다.

"일어나. 걷는 게 중요한 게 아니라 넘어질 때 다시 일어나는 게 중요해. 어서 일어나. 이건 아무것도 아니야."

세진이는 처음엔 엄마가 야속하고 원망스러웠지만 그게 다 자기를 사랑하기 때문에 그런 거란 걸 깨달은 뒤 엄마의 말에 잘 따랐습니다.

초등학생이 된 세진이는 장애를 가졌다는 이유로 친구들로부터 왕따를 당했습니다. 못된 친구들은 의족을 망치로 깨부수기까지 했습니다. 그래서 세진이는 학교에서 집까지 기어올 수밖에 없었습니다. 피범벅이 된 세진이의 다리를 보며 엄마는 가슴이 무너져 내렸습니다. 그렇다고 차마 세진이 앞에서 눈물을 보일 수 없었습니다. 자신이 약해지면 세진이도 약해지기 때문입니다. 세진이는 학교폭력과 왕따 문제로 학교를 다섯 차례나 옮겨야만 했습니다.

엄마는 세진이에게 삶의 의지를 북돋아주고 장애인도 뭔

가를 해낼 수 있다는 성취감을 주기 위해 수영을 가르치기로 했습니다. 그러나 장애인에 대한 세상의 편견은 높고 두터웠습니다. 수영장에 다니던 사람들이 세진이와 같이 수영을 할 수 없다고 거부하며 수건과 수영 모자를 엄마에게 던졌습니다. 수영장 주인은 세진이가 물에 들어가 오염이 됐다며 엄마에게 청소를 시켰습니다. 엄마는 아무 말 없이 그 넓은 수영장을 깨끗이 청소했습니다.

　　우여곡절 끝에 세진이는 수영을 배울 수 있었고 장애인 국가대표의 꿈도 꾸게 되었습니다. 엄마는 세진이가 꿈을 이룰 수 있도록 최선을 다해 돕고자 했습니다. 그 무렵 남편과 이혼을 하는 바람에 경제적인 어려움이 컸지만, 엄마는 강했습니다. 세진이를 위해서라면 힘든 일도 마다하지 않았습니다. 낮에는 세진이를 돌보고 주로 밤에 세차, 건물 청소 등 닥치는 대로 일했고 새벽에는 대리운전까지 했습니다. 그렇게 세진이를 뒷바라지했고 세진이 역시 엄마의 사랑에 보답했습니다. 12살이 되던 해, 세계장애인수영선수권대회에서 접영 50m, 자유형 150m, 개인혼영 200m 금메달을 따냈습니다. 마침내 세상에 우뚝 서게 된 것입니다.

　　엄마도 자신의 삶이 있고 또한 누군가의 보호가 필요한 나

약한 여자입니다. 그러나 자식을 위해선 강해져야 했습니다. 혹여 어떤 사람들은 그녀를 독한 사람이라고 손가락질 할지도 모릅니다. 하지만 그런 면이 없었다면 세진이를 그렇게 훌륭하게 키워낼 수 없었겠죠. 세진이에 대한 사랑이 있었기에 스스로 독해질 수도 있고 힘든 과정을 견뎌낼 수 있었던 겁니다.

　　세진이 엄마의 이야기를 하고 나니 문득 제 어머니가 생각납니다. 어머니를 생각하면 왜 이렇게 눈물부터 나오는지 모르겠습니다. 아마도 제대로 된 효도 한 번 못했던 게 후회가 되어 그런 거겠지요. 길거리를 걷다가도 나이 지긋하신 분을 보게 되면 어머니의 얼굴이 오버랩 됩니다. 이 세상에 계시진 않지만 손을 길게 뻗으면 곧장 제 손을 잡으면서 환하게 웃어주실 것만 같습니다.

　　어머니의 삶을 속속들이 다 알 순 없지만 제가 지켜본 바로는 그다지 행복한 삶이 아니었을 것 같습니다. 가난한 집안에 시집 와서 시부모님 모시고 살면서 많은 서러움을 다 겪었을 겁니다. 그렇지만 워낙 성품이 온화하셔서 싫은 내색 한 번 하지 않으시고 묵묵히 자신의 자리를 지키셨습니다. 말년에는 허리가 아파 고생하셨고, 그리고 특히 그해 겨울이 가장 힘들었지

"괜찮다, 난 신경 쓰지 마라."
언제나 묵묵히 그 자리에 있는 사람.
신은 사람들을 홀로 돌보기 벅차

이 땅에 어머니를 보냈다.

않았나 생각됩니다.

빙판길에 넘어지는 바람에 한쪽 팔이 부러져 깁스를 하게 되셨습니다. 그런데 설상가상으로 시집간 누님의 가정사 문제로 초등학교 다니는 손자 둘을 어머니께서 키워야 했습니다. 아무것도 모르는 말썽쟁이 두 손자를 밥 먹이고 옷 입혀 학교를 보낸다는 게 젊은 엄마에게도 보통 일이 아닌데 꼬부랑 할머니가 다 된 어머니에겐 참으로 힘든 일이었을 겁니다.

그러던 중 저 역시 어머니의 어깨 위에 짐 하나를 더 얹고야 말았습니다. 아내의 건강이 갑자기 나빠지는 바람에 어쩔 수 없이 아이를 어머니께 맡길 수밖에 없었습니다. 어머니께서 아픈 허리를 세워가며 깁스한 손으로 어린 손자 세 명을 키우셨던 겁니다.

"엄마, 많이 힘들죠?"

전화할 때마다 늘 괜찮다고 하시며 저희 걱정을 먼저 해주셨던 어머니. 사실 괜찮을 리가 있겠습니까. 아마도 손자들 수발하느라 어머니의 몸은 점점 무너져 내렸을 겁니다. 그리고 무엇보다도 속은 까맣게 타들어갔을 겁니다. 자식들이 아무 탈 없이 지내야 하는데 하나같이 문제투성이니 얼마나 속이 썩었을까요.

만약 내가 어머니 상황이라면 두 손 두 발 다 들었을지 모릅니다. 일흔이 넘은 나이라 내 몸 하나 스스로 책임지기도 힘든 판에, 그것도 불편한 몸으로 손자 세 명을 감당해야 한다니, 참으로 곤혹스러웠을 겁니다. 그런데 오히려 어머니는 자식들이 맘 상하지 않게 하기 위해 늘 괜찮다, 괜찮다 고통을 감내하며 그렇게 지내셨던 겁니다.

갑작스레 심장마비로 돌아가신 게 꼭 제 탓인 것 같아 눈물이 납니다.

눈물로 용서를 빕니다.

죽 을 만 큼
후 회 해 놓 고 도
똑 같 이 ▲
반 복 되 는
전 화
통 화

중국의 한 구두닦이 소년의 아름다운 이야기를 신문에서 본 적이 있습니다. 시골에 사는 소년은 어느 날, 엄마가 뇌종양에 걸렸다는 사실을 알게 되었습니다. 의사로부터 당장 수술을 하지 않으면 위험하다는 얘길 들었습니다. 그런데 문제는 수술비였습니다. 수술비로 약 3000만 원 정도가 필요한데 가정형편상 도무지 감당할 수 없는 금액이었습니다. 그렇다고 이대로 주저

앉아 있을 수만은 없었습니다.

　소년은 폐목재로 구두닦이 통을 만든 뒤, 엄마의 치료비를 벌기 위해 머나먼 광저우를 향해 길을 떠났습니다. 광저우 도시까지는 340km에 달하는 먼 거리였습니다. 잡초나 개울물로 끼니를 해결하고 숲이나 길섶에서 쪽잠을 자며 무려 한 달간 걸어갔습니다. 광저우에 도착하자마자 사람들이 가장 많이 왕래하는 시내의 한구석에 자리를 잡아 구두를 닦기 시작했습니다. 구두 한 켤레 당 200원 정도를 받았습니다. 언제 3000만 원을 모을지 앞이 보이지 않았지만 소년은 쉬지 않고 열심히 닦았습니다. 그리고 자신의 이야기를 써서 주변에 붙여 놓았습니다. 그 사연을 본 사람들은 200원보다 더 많은 돈을 주기 시작했고, 어떤 사람은 많은 돈을 기부하기도 했습니다.

　이 같은 사실이 언론에 알려지면서 순식간에 소년의 이야기가 널리 퍼졌습니다. 중국 각지에서 모금 운동이 벌어졌고 마침내 소년의 소원대로 엄마는 치료를 받을 수 있게 되었습니다. 그 어린 소년의 아름다운 마음이 엄마에게 희망을 주었고 중국 대륙을 눈물바다로 만든 것입니다.

　이 이야기를 접한 후, 저도 자연스럽게 부모님을 떠올렸습니다. 이 세상에서 스스로 효자라고 자부하는 사람이 몇이나 될까요? 저 역시 부모님을 생각하면 한없이 부끄럽고 죄송스러운 죄인이 됩니다.

    몇 해 전 어머니께서 갑자기 돌아가셨습니다. 언제까지나 함께 할 거라 생각했는데 영영 없을 것 같은 이별이 왈칵 오더군요. 아무런 예고도 없이 바람처럼 휙 사라져버린 어머니를 보면서 인생이 참 허망하고 덧없다는 생각을 하게 됐습니다. 뭐 하나 제대로 해드린 게 없는데 이렇게 가시다니 참으로 가슴이 아팠습니다.

    가신 분은 아무런 말이 없고 고향에는 아버지 홀로 계십니다. 아버지의 심정을 잠시 헤아려 봅니다. 두 날개로 하늘을 자유롭게 날던 새가 한쪽 날개를 상실했을 때 그 마음이 어떨까요. 어제까지만 해도 있던 것이 없어졌는데 얼마나 부자연스럽고 쓸쓸하고 두려울까요. 홀로 남으신 아버지를 생각하면 더 잘 해드려야지 하는 생각을 합니다.

    그런데 한 해 두 해 지나고 나니 그 마음이 점점 흐려지더군요. 사람은 망각의 동물이라 했던가요. 아니면 세월 속에 감정도 무뎌진 걸까요. 자주 찾아뵙지 못하면 전화로라도 안부를 전해야 하는데 여전히 아버지 쪽에서 먼저 연락이 오게 만듭니다.

    "예. 저예요. 아버지, 식사는 잘 하시고 계세요?"

앉아 있을 수만은 없었습니다.

　소년은 폐목재로 구두닦이 통을 만든 뒤, 엄마의 치료비를 벌기 위해 머나먼 광저우를 향해 길을 떠났습니다. 광저우 도시까지는 340km에 달하는 먼 거리였습니다. 잡초나 개울물로 끼니를 해결하고 숲이나 길섶에서 쪽잠을 자며 무려 한 달간 걸어갔습니다. 광저우에 도착하자마자 사람들이 가장 많이 왕래하는 시내의 한구석에 자리를 잡아 구두를 닦기 시작했습니다. 구두 한 켤레 당 200원 정도를 받았습니다. 언제 3000만 원을 모을지 앞이 보이지 않았지만 소년은 쉬지 않고 열심히 닦았습니다. 그리고 자신의 이야기를 써서 주변에 붙여 놓았습니다. 그 사연을 본 사람들은 200원보다 더 많은 돈을 주기 시작했고, 어떤 사람은 많은 돈을 기부하기도 했습니다.

　이 같은 사실이 언론에 알려지면서 순식간에 소년의 이야기가 널리 퍼졌습니다. 중국 각지에서 모금 운동이 벌어졌고 마침내 소년의 소원대로 엄마는 치료를 받을 수 있게 되었습니다. 그 어린 소년의 아름다운 마음이 엄마에게 희망을 주었고 중국 대륙을 눈물바다로 만든 것입니다.

　이 이야기를 접한 후, 저도 자연스럽게 부모님을 떠올렸습니다. 이 세상에서 스스로 효자라고 자부하는 사람이 몇이나 될까요? 저 역시 부모님을 생각하면 한없이 부끄럽고 죄송스러운 죄인이 됩니다.

  몇 해 전 어머니께서 갑자기 돌아가셨습니다. 언제까지나 함께 할 거라 생각했는데 영영 없을 것 같은 이별이 왈칵 오더군요. 아무런 예고도 없이 바람처럼 휙 사라져버린 어머니를 보면서 인생이 참 허망하고 덧없다는 생각을 하게 됐습니다. 뭐 하나 제대로 해드린 게 없는데 이렇게 가시다니 참으로 가슴이 아팠습니다.

  가신 분은 아무런 말이 없고 고향에는 아버지 홀로 계십니다. 아버지의 심정을 잠시 헤아려 봅니다. 두 날개로 하늘을 자유롭게 날던 새가 한쪽 날개를 상실했을 때 그 마음이 어떨까요. 어제까지만 해도 있던 것이 없어졌는데 얼마나 부자연스럽고 쓸쓸하고 두려울까요. 홀로 남으신 아버지를 생각하면 더 잘 해드려야지 하는 생각을 합니다.

  그런데 한 해 두 해 지나고 나니 그 마음이 점점 흐려지더군요. 사람은 망각의 동물이라 했던가요. 아니면 세월 속에 감정도 무뎌진 걸까요. 자주 찾아뵙지 못하면 전화로라도 안부를 전해야 하는데 여전히 아버지 쪽에서 먼저 연락이 오게 만듭니다.

  "예. 저예요. 아버지, 식사는 잘 하시고 계세요?"

"응. 걱정 마라. 잘 먹고 있다."

잘 먹고 있다는 말. 그 말이 거짓이라는 거, 다 압니다. 여든 남자 홀로 식사를 챙기는데 변변한 반찬이 몇 개나 있겠습니까. 잘 드실 리가 없지요. 설령 맛있는 반찬이 있다고 해도 혼자 먹는 밥이 어찌 맛이 있겠습니까. 그렇지 않아도 약주를 좋아하시는데 안 봐도 뻔합니다. 밥 대신 술로 끼니를 때우고 계실 겁니다. 자식이 걱정할까봐 그냥 잘 먹고 있다고 하셨던 거겠지요.

그러고 보면 부모들은 눈만 뜨면, 앉으나 서나 자식 걱정입니다. 늘 가슴에 무거운 돌덩이를 얹고 사는 게 부모인가 봅니다. 회사는 잘 다니는지, 사업은 잘 되는지, 손자 손녀들은 공부를 잘하는지, 겨울날 감기나 안 걸렸는지, 사람들이랑 잘 어울리는지, 전세금을 마련했는지, 은행 대출금은 잘 갚고 있는지…. 자식 일이라면 없는 걱정도 만들어서 하는 게 부모들의 일인 것 같습니다.

그 부모의 그 자식이라고 저 역시 거짓말을 합니다.
"별 일 없냐? 뭐 문제는 없고?"
"예. 아버지. 잘 지내고 있어요."
사실 잘 지낸다는 게 말이 됩니까? 사는 게 별일이고 문제투성인데 잘 지낸다는 게 가당치도 않죠. 사회의 일원으로 사는 것, 한 집안의 가장으로 산다는 것 자체가 고역이고 고난 아닙니까. 때론 펑펑 울면서 모든 것을 다 털어놓고 싶을 때도 있지만 꾹꾹 참으며 덤덤하게 말합니다.

"잘 지내고 있어요."

아버지의 가슴을 짓누르는 그 돌덩이 하나라도 덜어드릴까 싶어 거짓말을 합니다.

아버지는 저에게, 저는 아버지에게 거짓말로 안부를 전하며 또 그렇게 오늘도 각자의 길을 걸어갑니다. 아버지는 아버지의 길을, 자식은 자식의 길을.

관 심 이 란
그 사 람 이
힘 들 어
하 는 걸
알 아 채 는
　 것

한 TV 프로그램에 격투기 거인 최홍만 선수가 나온 걸 봤습니다. 최홍만 선수는 어렸을 때의 상처와 씨름을 하게 된 계기 그리고 다시 격투기 선수로의 삶을 선택한 배경에 대해 차분하면서도 진솔한 어투로 이야기보따리를 풀어놓았습니다. 그의 이야기를 듣다 보니 그에 대해서 새로운 사실을 몇 개 알게 되었는데, 그 중 가장 흥미로운 부분이 있었습니다. 바로 앙증맞은 고양이 캐릭터 인형인 '헬로 키티'를 끔찍이 사랑한다는 사실입니다. 실제로 그의 방 사진이 공개가 되었는데 침대는 물론 온 방 안에 헬로 키티 인형들로 가득했습니다.

'저렇게 덩치가 큰 거인이 왜 저런 소녀 취향의 인형들과 지내지? 좀 이상한 거 아냐?'

저는 혼잣말로 중얼거렸습니다. 누가 봐도 감성 풍부한 사춘기 소녀의 방인데 그 방이 최홍만 선수의 방이라니 도저히 이해할 수 없었습니다. 그런데 그의 지난날의 고백을 들어보니 왜 그가 헬로 키티 인형에 집착하게 되었는지 이해가 됐습니다.

제주도에서 중학교 시절을 보내고 있던 어느 날, 한 고교 씨름부 감독이 유난히 키가 큰 최홍만 선수에게 다가와 씨름을 함께 하자고 제안했습니다. 씨름을 하면 먹을 것을 실컷 먹을 수 있다는 감독의 말에 그는 곧장 짐을 싸들고 부산으로 갔습니다. 부산에 머물 집이 없었던 그는 학교의 한 교실에서 지냈습니다. 저녁이 되면 다른 학생들은 다 집으로 귀가하는데 그는 넓은 교실에 덩그러니 혼자 남았습니다.

깊은 밤에 학교에 혼자 남아있다고 생각해보세요. 얼마나 무섭겠습니까? 그러나 그 무서움보다도 더 힘들었던 건 외로움이었습니다. 어릴 때부터 키가 크다는 이유로 왕따를 당했고 씨름을 한 이후에도 친구들로부터 여전히 왕따를 당했습니다. 자신의 마음을 털어놓을 친구가 없었고 위로해줄 어른도 없었습니다.

무서움과 외로움으로 짓눌려 있던 생활 속에서 유일한 희망은 바로 인형 뽑기였습니다. 학교 뒤편에 오락실이 있었는데 그곳에 인형 뽑기 기계가 있었습니다. 동전 몇 개를 넣고 버튼을 눌러 집게로 인형을 들어 올립니다. 그 인형을 머리맡에 두고 항상 같이 했습니다. 무섭거나 외롭거나 울고 싶을 때 그 인형과 대화하며 그 고통스러운 시간을 견뎌냈던 것입니다. 그 뒤로부터 인형은 그의 친구가 되었고 분신이 되었습니다. 다행스럽게도 지금은 대중들의 인기와 관심 덕분에 사람에 대한 그리움은 어느 정도 해소가 되었다고 합니다.

누구나 다 마음의 결핍 하나쯤은 안고 살아갑니다. 마음의 결핍 없이 산다는 건 불가능한 일입니다. 인간은 불완전한 존재이기 때문입니다.

우리들은 마음의 결핍이 생기면 어떻게든 그것을 채우려고 애씁니다. 어떤 이는 술로 채우기도 하고 또 어떤 이는 친구

누구나 다 마음의 결핍 하나쯤은 안고 살아간다.
어떻게든 그것을 채우려고 애쓸 때,
부디 누군가에게 신호를 보내길.
그리고 누군가 보낸 신호를 읽기를.

들과의 수다로 채우기도 하고 또 어떤 이는 명상과도 같은 수련으로 채우기도 합니다. 그리고 특정한 물건을 모으거나 그것에 집착하는 모습을 보이기도 합니다. 때론 해결책을 찾지 못해 스스로의 삶을 포기하는 극단적인 선택을 하기도 합니다.

사실 요즘 아내의 말과 행동이 심상치 않게 느껴졌습니다. 제가 옆에 있는데도 이런 말을 툭툭 내뱉더군요.
"아~, 그대가 곁에 있어도 나는 그대가 그립다."
그리고 이틀이 멀다하고 택배가 도착하거나 밖에 나갔다 오면 한 손에 새로 산 옷이 들려 있었습니다. 물론 여자들은 원래부터 쇼핑하는 것을 좋아하긴 하지만, 그동안 살아오면서 아내가 이런 적은 없었습니다. 누구보다도 알뜰한 사람입니다. 분명 뭔가가 있는 것 같았습니다.

어느 날 밤, 아내를 밖으로 불러냈습니다. 아내가 가장 좋아하는 뮤지컬도 함께 관람하고 근사한 곳에서 식사도 함께 했습니다. 아내와 많은 대화를 나눴고 현재 아내의 상태가 썩 좋지만은 않다는 걸 알게 되었습니다. 이유 없이 지치고 몸도 예전 같지 않고 눈물도 많아졌다고 합니다. 한마디로 몸과 마음의 결핍이 시작된 것입니다. 아내는 그 결핍된 부분을 채우기 위해서 쇼핑을 하게 되었고, 그리고 스스로 극복할 수 없어 저에게 자꾸 손길을 내밀었던 것입니다.

　그날 밤, 아내의 기분은 많이 나아졌고 간만에 환한 웃음을 볼 수 있었습니다. 아내의 빈 마음 한구석을 채워주면서 저 역시 마음이 채워짐을 느꼈습니다. 그리고 또 하나 깨달았습니다. 결핍의 원인이 돈의 부족이든 취업의 어려움이든 애인의 변심이든 외로움이든 막막한 미래이든, 그 결핍을 채울 수 있는 가장 좋은 건 바로 사랑과 관심이라는 사실을 말입니다.

　누군가가 왠지 불안해보이거나 평소에 하지 않는 행동을 하거나 짜증내는 일이 잦다든가 하면 분명 그 사람은 뭔가가 결핍된 상태일 것입니다. 그 부분을 대신 채워줄 수 있다면 채워주십시오. 만약 그럴 능력이나 상황이 되지 않는다면 적어도 다정하게 말을 붙여주거나 잠시 기댈 수 있도록 편안한 마음 한 자락을 내어주십시오. 아마도 그것만으로도 그는 충분히 만족해할 겁니다. 이 세상에 사랑과 관심보다 더 큰 위로는 없을 테니까요.

지 금

어 디 에

있 는 지 ,

누 구 와

있 는 지

사람마다 바라는 바가 각기 다를 겁니다. 돈벼락 맞게 해달라. 건강하게 해달라. 취직하게 해달라. 좋은 가정을 꾸미게 해달라. 좋은 차를 갖게 해달라. 승진하게 해달라. 좋은 일만 일어나게 해달라. 이번 계약이 잘 성사되게 해달라. 가게에 손님이 들끓게 해달라. 아이가 좋은 대학 가게 해달라.

　　허황된 꿈을 바라는 이도 있을 것이고 소소한 일상의 작은 기쁨을 바라는 이도 있을 겁니다. 바라는 게 말이 되든 안 되든 크든 작든 이러한 바람들을 큰 덩어리로 묶다 보면 대략 두 가지로 분류할 수 있습니다. 바로 '성공'과 '행복'입니다.

요즘 사람들은 성공에 대해 관심이 많습니다. 이 세상에 성공을 원하지 않는 사람은 없을 겁니다. 인생에 대해 달관했거나 수도자라면 혹시 모르겠습니다. 그들은 성공을 뜬구름과도 같은 무상(無常)이라고 규정할지도. 그러나 보통 사람이라면 누구나 성공을 바랍니다. 바라는 정도가 아니라 목숨을 겁니다.

'나는 성공 같은 거 별 관심 없어.'라고 말하는 이도 있겠지만 그 말은 거짓일 확률이 높습니다. 인간은 태어날 때부터 이미 욕망과 욕심이 내재되어 있습니다. 고도의 수련과 수행을 하지 않은 이상 그 욕망과 욕심은 버릴 수 없습니다.

성공을 바라는 건 당연한 일입니다. 허나 현실은 냉정합니다. 자기가 원한다고 해서 성공이라는 달콤한 열매를 얻을 수 있는 건 아닙니다. 성공을 얻기 위해선 남들보다 더 노력을 하든지 아니면 특출한 기술을 연마해야 합니다. 노력과 기술 연마에 박차를 가할 수 있는 동기부여로 '타인에게 자극 받기'가 있습니다.

무슨 일이든 혼자만의 의지로 하는 것보다는 타인과 함께 해야 능률이 더 오르고 근성도 기회도 생기기 마련입니다. 100미터 달리기를 할 때 옆에서 함께 달리는 경쟁 상대가 있어야 더 빨리 달리는 것과 같은 이치입니다. 성공하고 싶은 분야가 있다면 그 분야의 사람들과 어울리는 게 좋습니다. 기회를 만들어서라도 그 분야의 대가와 만나야 합니다.

왜 그들을 만나야 하고 그들과 어울려야 하는지는 여기에 답이 있습니다. 지금 당신이 만나는 사람, 당신이 서 있는 그곳이 당신의 현재와 미래를 말해주기 때문입니다. 다시 말해 사람은 타인 혹은 환경에 영향을 받는다는 겁니다. 유채꽃 무더기에 있다 보면 어느새 내 몸에서도 유채꽃 향기가 나는 것처럼 말입니다.

한때 개량한복을 입고 다닌 적이 있었습니다. 처음엔 좀 어색하기도 하고 사람들의 시선도 부담이 됐지만 입다 보니 점점 그 매력 속으로 빠져들었습니다. 꽉 끼는 청바지와 티셔츠보다 훨씬 더 편안하고 그 옷을 입으면 왠지 좋은 기운이 몸을 감싸는 듯해 기분이 좋았습니다. 그리고 나중에는 은근히 사람들의 시선도 즐기게 되었습니다.

새롭게 나온 옷이 없나 하고 개량한복 가게에 종종 들렀습니다. 여윳돈이 없어 주로 눈으로만 쇼핑을 즐기기 일쑤였습니다. 그러던 어느 날, 가게 한쪽에 걸려 있는 노란 빛깔의 천연염색 옷에 매료되었습니다.

"사장님, 이 빛깔 참 곱네요."
"아, 그 옷이요? 안목 있으시네. 제가 직접 염색한 거예요."
"정말요? 어떤 걸로 염색했어요?"
"양파껍질로 했죠."
"양파껍질인데 이렇게 예쁜 개나리색이 나와요?"
"궁금하면 금요일에 한 번 오세요. 가게 뒤편 마당에서 직접 하니까 좋은 구경이 될 겁니다."

금요일에 개량한복 가게에 들렀습니다.

주인아저씨는 뒷마당에서 염색 준비를 하고 있었습니다. 저는 조용히 뒤편에서 염색을 하는 작업을 지켜봤습니다. 감잎, 오미자, 달맞이꽃, 대나무잎, 쑥, 양파껍질, 오디, 애기똥풀 등 다양한 소재에서 만든 빛깔 고운 염액이 큰 고무통에 담겨져 있었습니다.

주인아저씨가 천을 각 고무통에 담그자 하얀 천이 순식간에 노란색, 보라색, 주황색 등 다양한 색으로 물들었습니다. 참으로 신기했습니다. 조금 전까지만 해도 하얀 천이었는데 잠깐 사이 새로운 빛깔로 옷을 갈아입은 것입니다.

　　어떤 염료에 몸을 담그느냐에 따라 천의 빛깔과 운명이 달라지듯 지금 내가 어떤 환경, 어떤 상황에 있는지 제대로 파악하는 게 중요합니다. 내가 있는 자리에 꿈이 있고 행복이 있고 비전이 있다면 그 자리에서 굳이 빠져나올 이유는 없습니다. 그런데 반대로 내가 있는 곳이 절망과 나태와 우울로 둘러싸인 암흑천지라면 그 암흑에 잡혀먹기 전에 빨리 그곳을 벗어나야 합니다. 쾌쾌한 냄새가 진동하는 집안 공기를 바꾸기 위해선 그곳을 빠져나온다고 해서 해결되는 게 아닙니다. 내 몸만 빠져나왔을 뿐이지 집안 공기는 그대로입니다. 언젠가 집안으로 들어가야 할 상황이 되면 또 그 쾌쾌한 냄새를 맡아야 합니다. 집안 전체의 공기를 바꾸기 위해선 새로운 공기가 필요합니다. 창문을 열고 새로운 공기를 받아들여야 집안 공기가 싹 바뀝니다. 즉 지금의 나, 지금의 상황을 바꾸기 위해선 그곳을 탈출하는 게 급선무이고 두 번째는 나를 지배하고 있는 분위기를 바꿔야 한다는 겁니다.

　　사람은 끼리끼리 어울리기 마련입니다. 누구나 그렇듯 저 역시 그랬습니다. 제가 학생 때에 제 주위는 온통 학생이었습니

우리는 서로가 서로에게 영향을 끼치며 산다.
지금 당신이 만나는 사람, 당신이 서 있는 그곳이 당신의 현재와 미래를 말해준다.

다. 제가 연극을 할 때는 제 주위가 온통 연극인 혹은 비슷한 계통의 예술인으로 가득했습니다. 제가 글을 배우기 시작했을 때는 제 주위가 온통 시인이며 소설가며 에세이스트였습니다. 광고 일을 할 때는 제 주위에 카피라이터, PD, CF감독, 디자이너 등 광고 관련 종사자들만 모여들었습니다. 그리고 지금 작가로 살다 보니 편집자, 기획자, 출판영업자, 저자, 서점 직원 등 출판에 관련된 사람들과 어울리고 있습니다.

마음속에 작가가 되고픈 꿈이 있다면 당신은 지금 도서관이나 서점에서 책을 펴서 보고 있어야 하거나 혹은 당신을 이끌어줄 작가와 마주보고 있어야 합니다. 그렇지 않고 막연한 생각으로 꿈을 꾼다면 그 꿈은 잠잘 때 꾸는 꿈과 별반 다를 바 없습니다. 성공은 꿈을 구체화시키는 것이고 그 구체화라는 것은 원하는 분야의 현장에 당신이 서 있어야 한다는 겁니다. 그게 성공으로 가기 위한 첫 디딤돌입니다.

행복도 마찬가지입니다. 행복한 삶을 꿈꾼다면 행복이 공존하는 곳으로 가야 합니다. 옆 사람이 입을 쩍 벌리고 하품을 하면 어느새 나도 똑같이 하품을 하게 됩니다. 옆 사람이 한숨을 내쉬며 신세한탄을 하면 어느새 나도 똑같이 신세한탄을 하게 됩니다. 부정적인 감정은 전염이 됩니다. 전염이란 말을 달리 하면 '물들다'라고 표현할 수 있습니다. 물든다는 건 내 것을 다른 것으로 뒤덮는다는 것입니다. 새롭게 변한다는 것입니다.

우리의 뇌에는 거울 뉴런(mirror neuron)이라는 뇌세포가 있습니다. 이 거울 뉴런의 영향으로 우리는 자신도 모르게 타인의 움직임을 따라한다고 합니다. 그런데 재미있는 것은 동작만 따라하는 게 아니라 감정까지도 공감한다고 합니다. 즉 슬픈 얼굴 표정의 사진을 본 후, 뇌 영상을 찍으면 사진 속 표정과 같은 슬픈 감정을 일으키는 뇌 세포가 반응한다는 겁니다.

그렇다면 행복 역시 그렇습니다. 행복한 사람 옆에 있거나 행복한 장면을 본다면 당신도 행복해질 확률이 높습니다. 실제로 친구가 많고 사회적인 활동이 활발한 사람은 홀로 지내는 사람보다 덜 우울하고 행복감을 더 많이 느끼는 게 사실입니다.

사람은 혼자가 아니기에 복잡하리만큼 거미줄처럼 타인과 연결이 되어있습니다. 다시 말해서 서로가 서로에게 영향을 주며 살아간다는 겁니다. 당신은 지금 이 순간에도 타인의 생각과 행동에 전염되고 있습니다. 타인의 눈빛과 손끝과 말 한 마디가 당신의 거울 뉴런을 자극해 당신을 조정하고 있는 건지도 모릅니다. 그러니 당신이 지금 어디에 있는지, 누구와 있는지가 중요합니다. 성공을 하고 싶다면 성공을 꿈꾸는 무리나 성공을 이미 이룬 사람의 틈바구니에 끼어있어야 성공의 확률을 높일 수 있습니다. 행복해지고 싶다면 유쾌하고 긍정적이며 웃음 많은 사람들과 함께 하려고 노력하세요.

감 정 을
다 스 리 는
연 습,
똑 똑 하 게
화 내 는
연 습

며칠 전에 『참을 수 없는』이란 영화를 봤습니다. 그다지 잘 알려진 영화가 아니라 생소할지도 모르겠습니다. 물론 이 영화에 대한 평론가들의 평가는 그리 호의적이지 않습니다. 어떤 리뷰자는 이 영화를 보고 '사랑과 전쟁의 극장판'이라고 말하기도 했습니다. 남녀 네 명의 얽히고설킨 사랑 혹은 불륜 이야기이기 때문에 그럴 수도 있습니다. 특별한 사건이 있는 것도 아니고 스펙타클하게 이야기가 전개되는 것도 아니죠. 그럼에도 저는 흥미롭게 잘 봤습니다.

이 영화에서 제가 주목한 장면이 하나 있습니다.

여주인공 지흔(추자현 분)은 직장에서 해고당하고 남자친구와의 관계도 끝나자, 괴로운 마음에 술을 마시게 됩니다. 그런데 옆 테이블 사람들과 시비가 붙습니다. 지흔은 화를 참지 못해 소주병으로 상대방의 머리를 가격합니다. 그 일로 인해 경찰서 유치장에 갇히게 되고 피해자와의 합의금으로 그 동안 모아두었던 재산과 오피스텔 전세금까지도 다 날리게 됩니다. 결국 서른 둘 나이에 친구의 집에 얹혀사는 굴욕을 겪게 됩니다.

이 장면을 보면서 저는 '쯧쯧' 혀를 차며 혼잣말을 내뱉었습니다.

"좀 참지. 감정을 잘 다스려야지, 저 꼴이 뭐야."

그런데 그 말을 내뱉고 나니 갑자기 제 얼굴이 붉어졌습니다. 제가 그런 말을 할 입장이 아니라는 사실을 깨달은 것입니다.

저번에 이런 일이 있었습니다.

초등학교에 다니는 아들 녀석이 TV를 보고 있었습니다

"점심 먹었니?"

"예."

"뭐 먹었니?"

"밥이요."

그때까지 그런 줄 알았습니다. 그런데 싱크대에 밥그릇이 보이지 않았습니다.

"너 진짜 먹었어?"

"예."

먹었다면 빈 그릇이 있어야 하는데 아무리 찾아도 보이지 않았습니다. 이 녀석이 설거지를 해놓을 리도 없고.

그때부터 슬슬 기분이 상하기 시작했습니다. TV 보느라 점심도 거른 게 분명합니다. 요즘 TV 예능 프로가 워낙 재미있다 보니 아이들의 혼을 쏙 빼놓긴 합니다. 뭐 그럴 수도 있지. 그런데 시간이 지날수록 제 안의 화가 수그러들지 않는 것입니다. 이제는 이실직고를 하겠지 하고 다시 한 번 물었는데 아이는 먹었다고 대답했습니다.

"너 이리 와 봐!"

앞에 불러 세워놓고 추궁을 하니 결국 먹지 않았다고 실토를 했습니다. 그때부터 저의 훈육이 시작되었습니다. '왜 거짓

▲▲▲▲▲▲▲▲▲▲▲▲▲▲▲▲▲▲▲▲▲▲▲▲▲▲▲▲▲▲▲▲▲

△

△

▲

▲

△△△△△△△△△△△ △△△△△△△△△△ △ 화를 이기지 못하고 △△△△△△△△△△ △△△△△△△△△△
화 저질러버리는 말과 행동에
상대는 분명 상처를 입는다.
그러나 상대의 상처가 되돌아올 때,

나 자신은 더 큰 상처를 입는다.

▲
▲

▲
▲

△
▲

▲

말을 했느냐'부터 '커서 뭐가 되려고 그러느냐'까지 온갖 말을 다 쏟아냈습니다. 그런데 훈계를 듣는 아이의 태도가 맘에 들지 않았습니다. 자꾸 코를 후비며 눈을 깜빡이는 거였습니다.

"어쭈, 이 녀석이!"

가슴 깊은 곳에서 잠자고 있던 화가 눈을 뜨기 시작했습니다.

이번에는 태도에 대해 또 훈계를 시작했습니다. 한 번 가슴 밖으로 분출된 화를 통제할 수가 없어서 파리채로 엉덩이 몇 대를 때렸습니다. 아이는 울었고 어느 정도 훈육이 마무리되었습니다. 아이는 눈물을 뚝뚝 흘리며 자기 방으로 갔습니다. 그런데 저는 여전히 씩씩거렸습니다. 해당화처럼 확 달아오른 화가 사그라질 기미가 보이지 않았습니다.

"거짓말을 해! 나쁜 놈!"

아이를 다시 불러 세워놓고 처음부터 훈계를 시작했고 급기야는 분에 못 이겨 학교에서 받아온 신학기 교과서를 다 가져오라고 했습니다.

"거짓말 하는 놈은 배울 자격도 없어! 교과서 다 버려!"

교과서를 비닐봉지에 담아 집 밖에 버리라고 소리쳤습니다. 아이는 울음을 터뜨리며 어찌할 바를 몰랐습니다. 제가 더 큰소리로 다그치자 비닐봉지를 갖고 밖으로 나갔습니다.

잠시 뒤 아이가 빈손으로 들어왔습니다.
전 다시 훈계를 했고 한 5분쯤 지났을까. 이제 좀 마음이 진정이 되었습니다.
"다음부터 거짓말 안 할 거지?"
"예."
"교과서 가져와."
아이는 밖으로 나갔습니다. 그런데 아이가 침울한 표정으로 들어오는 거였습니다.
"아빠, 교과서 없어졌어요."
"그게 무슨 소리야?"
"나가보니까 없어졌어요."
저는 아차 싶었습니다. 폐지를 주우러 다니는 할머니들이 수시로 출몰한다는 사실을 잠시 잊었던 겁니다. 밖에 나가 보니 정말로 교과서가 없었습니다.
"세상에나, 그 짧은 시간에 벌써…."
새 교과서 10권을 홀라당 다 잃어버린 상황. 정말로 허탈하고 막막했습니다. 이 모든 것이 아이의 거짓말에서 비롯되었지만 새 교과서 분실은 저의 책임이 컸습니다.

결국 저는 며칠 동안 헌책방이란 헌책방을 싹 뒤져 가까스로 교과서를 구했습니다. 미처 구하지 못한 것은 대형서점에서 구할 수 있었습니다. 수고는 수고대로 하고 돈은 돈대로 들고 이게 무슨 짓인가 싶었습니다. 내 자신이 한심스러웠습니다. 감정을 다스리지 못하고 끝까지 해보겠다는 그 미련한 마음이 고스란히 독이 되어 돌아온 것입니다.

일찍이 틱낫한 스님은 『화』라는 저서에서 이렇게 말한 바 있습니다.

"내가 누군가에게 몹시 화가 났을 때는 화가 나지 않은 척해서는 안 된다. 고통스럽지 않은 척해서도 안 된다. 그 사람이 나에게 소중한 사람이라면 더욱 그러하다. 내가 지금 화가 났으며 그래서 몹시 고통스러워하고 있다는 사실을 그에게 고백해야 한다. 그러나 말은 아주 차분하고 침착하게 해야 한다."

여기서 핵심은 바로 화를 내긴 내되 감정에 치우치지 말고 이성적으로 내라는 것입니다. 화를 이기지 못하고 확 저질러버리는 말과 행동 속에 상대는 분명 큰 상처를 입습니다. 그러나 그 상처는 거기서 끝나는 게 아니라 결국은 자신이 수습해야 할 일거리로 남게 됩니다. 뒷감당을 하면서 받는 스트레스와 후회보다는 차라리 분통이 터지지만 화를 자제하는 게 손해를 덜 보는 일입니다.

    한 번 폭발한 화는 멈추기 어렵습니다. 그렇다고 그것을 계속 놔뒀다가는 불행한 일이 계속 생산됩니다. 저 역시 그 일을 계기로 뼈저린 교훈을 얻었습니다. 냉수를 한 잔 마시든지, 맘속으로 애국가를 부르든지, 그 자리를 피하든지, 길게 숨을 내뱉든지, 여하튼 어떤 방법으로라도 화를 삭이고 마음의 평온을 되찾도록 해야 할 것 같습니다.

아 이 를
바 꾼 건
결 국
부 드 러 움
이 었 다

우리는 강하게 윽박지르고 밀어붙여야 상대를 꺾을 수 있고 내 뜻을 관철시킬 수 있다고 믿습니다. 저 역시 그런 줄로만 알았습니다.

최근 아내가 아이 때문에 시름이 이만저만이 아니었습니다. 이유인즉슨 모든 엄마의 고민인 자녀교육 문제입니다. 물론 아내는 다른 엄마들처럼 아이에게 공부하라고 닦달하는 스타

일은 아닙니다. 그런 점에서 아이는 참 행복한 녀석입니다. 저 역시 공부를 그다지 강요하지 않았습니다.

그런데 강요를 하지 않다 보니 부작용이 있습니다. 아이 스스로도 공부에 별 관심이 없다는 것입니다. 스스로 알아서 하면 좋으련만 사실 초등 저학년인데 스스로 알아서 공부한다는 건 지나친 바람인지도 모릅니다. 반대로 아내의 스트레스는 조금씩 커져만 갔습니다. 다른 집 아이들은 학원이다, 방과 후 수업이다 하면서 종일 공부하느라 바빠 뛰어다니는데 우리 아이만 저러고 있으니 슬슬 걱정이 되는 모양입니다.

저 역시 공부는 그렇다 치더라도 책이라도 많이 읽었으면 하는데 아이가 그것 역시 그리 취미가 없는 듯했습니다. 아이는 틈만 나면 엄마 스마트폰으로 게임만 하려고 하고 그게 여의치 않으면 TV에 매달렸습니다.

더 이상 이대로는 안 되겠다 싶어 날을 잡아 한 번 혼냈습니다.

"너 이리 앉아 봐! 하루 종일 너 도대체 뭐하는 거야? 아빠가 글 쓰는 사람인데 아들놈은 책 한 줄도 안 보고. 그럼 되겠어? 어서 책 읽어!"

저의 호통에 아이는 놀랐고 울며 동화책 한 권을 읽기 시하라고 하면 더 하기 싫은 건 누구나 마찬가지.
강압적인 태도는 불만과 적대감을 심어줄 뿐만 아니라
서로에게 상처만 남긴다.

작했습니다. 잘 읽고 있겠거니 하고 30분쯤 지나 아이 방에 가 보니 글쎄 책상에 고개를 처박고 잠을 자고 있는 겁니다. 순간, 화가 머리끝까지 치밀어 올랐습니다. 결국 아이의 종아리에 서너 줄이 그어졌습니다.

다음날, 아이는 책상 앞에 앉았습니다. 그런데 아이의 얼굴엔 책 읽기 싫은 표정이 역력했습니다.

'도대체 뭐가 문제지?'

아빠가 작가인데 아이가 책을 싫어하다니! 작가 체면이 말이 아닙니다. 어떻게 하면 아이가 책을 좋아하게 될까 고민이 시작되었습니다. 답이 쉽게 나오지 않았습니다. 일단 머리도 식힐 겸 밖으로 나왔습니다. 달빛 내려앉은 밤길을 걷다 보니 어느새 동네 서점 앞까지 오게 되었습니다. 서점 안으로 들어가 손을 뻗어 책 한 권을 뽑아 들었습니다.

제 손에 쥔 책은 시카고 대학 리처드 탈러 교수가 쓴 『넛지』였습니다. 한 장, 두 장 읽다 보니 재미도 있고 더군다나 고민을 해결할 수 있는 힌트가 그 책 안에 있는 듯했습니다. 책 제목인 넛지(Nudge)에 대해 잠시 설명하자면 '팔꿈치로 슬쩍 찌른다'란 뜻으로, 상대방의 옆구리를 세게 툭툭 쳐 강압적으로 시키는 것이 아니라 살짝 건드려 상대방이 스스로 하게끔 만드는 걸 뜻합니다. 이 책에서는 넛지의 효과를 알려주는 사례가 나오는데, 그중 화장실 이야기가 인상 깊게 다가왔습니다.

    네델란드 암스테르담 스키폴공항의 남자화장실은 언뜻 보기에는 여느 화장실과 다를 바가 없습니다. 화장실 내부는 깨끗하게 청소가 되어있고 벽에는 서너 개의 소변기가 붙어있습니다. 그런데 약간 특이한 건 보통 소변기 위쪽 벽면에 소변 흘리는 걸 방지하기 위해 '한 걸음 더 가까이' 혹은 '흘리지 마세요' 등의 문구가 적혀 있기 마련인데 이곳에는 그런 문구 대신 소변기의 중앙에 작은 파리 모양의 스티커가 붙어있다는 것입니다. 다소 장난스러운 스티커인데 결과는 놀라웠습니다. 볼일을 보는 남자들은 하나 같이 파리를 맞추기 위해 집중했습니다. 그 결과 소변기 밖으로 튀는 소변량의 80%나 줄일 수 있었습니다. 이게 바로 넛지의 효과입니다.

    또 다른 이야기도 있었습니다. 유치원 옆에 있는 전봇대 근처에는 밤마다 각종 음식물 쓰레기며 휴지들로 가득 찹니다. 그곳이 쓰레기장이 아닌데 언제부턴가 주민들이 그곳에 쓰레기를 버립니다. 유치원 원장은 쓰레기를 볼 때마다 속상했습니다. 아이들에게 교육상 좋지도 않고 악취가 심해 더 이상 두고 볼 수 없었습니다. 그래서 벽면에 푯말을 붙여놨습니다.

'쓰레기 버리지 마세요. 적발 시 고발 조치하겠습니다.'

엄포에도 불구하고 쓰레기는 줄어들지 않았습니다. 오히려 쓰레기가 더 많이 쌓였습니다. 유치원 원장은 이 방법으론 안 될 거라는 걸 깨닫고 다른 방법을 찾기로 했습니다. 궁리 끝에 그곳에 예쁜 정원을 만들기로 했습니다. 토마토와 상추는 물론 봉숭아꽃도 심었습니다. 그리고 유치원생의 고사리 같은 손으로 삐뚤삐뚤 적은 푯말도 세워놨습니다.

'토마토와 상추는 우리가 키우는 아이예요. 아이들은 쓰레기를 먹으면 배탈 나요.'

결과는 대만족이었습니다. 전봇대 근처에 쓰레기를 버리는 사람이 사라진 것입니다. 협박조에 가까웠던 문구가 아닌 앙증맞은 문구와 아이들의 사랑이 깃든 정원이 주민들의 마음을 움직인 것입니다.

『넛지』란 책을 읽으면서 저는 고민의 해결책을 찾아냈습니다.

"그래, 스스로 책을 읽게끔 분위기를 만들어주자."

다음 날, '거실을 서재로 바꾸기'라는 대대적인 작업을 시작했습니다. 일단 거실에 있는 TV를 없애고 제 서재에 있던 책장이며 책들을 거실로 다 옮겼습니다. 워낙 책들이 많아 옮기는 것도 한나절이나 걸렸습니다. 그리고 거실 한가운데에 큰 테이블을 놓았습니다.

"자, 앞으로 아빠는 여기서 책도 보고 글도 쓸 거야. 엄마도 그럴 거고."

다음 날부터 저와 아내는 거실에서 책도 보고 일도 했습니다. 이따금씩 차도 마시며 책에 관해 즐거운 대화를 나눴습니다. 절대로 아이에겐 책을 읽으라고 강요하지 않았습니다. 그런데 며칠 후, 아이에게 변화가 생겼습니다. 아이가 저와 아내가 앉은 테이블에 기웃거리는 거였습니다.

"왜? 너도 책 읽으려고?"

아이는 고개를 내젓더니 방으로 들어갔습니다. 그런데 잠시 후 테이블 앞에 다시 나타나 기웃거리더니 이내 의자에 앉아 책을 읽기 시작했습니다.

오후 내내, 우리 가족은 책을 읽었습니다. 그 뒤로는 책 읽는 게 자연스러운 일상이 되었습니다. 넛지의 효과가 여실히 드러났습니다. 작전은 성공이었습니다. 물론 그렇다고 아이가

180도 싹 바뀐 건 아닙니다. 여전히 아이는 책을 읽는 동안 코를 만지작거리거나 이상한 소리를 냅니다. 아직까지는 책의 매력에 완전히 빠진 게 아닙니다. 그래도 이게 어디입니까? 책을 싫어하는 아이가 책을 읽겠다고 이러고 있으니.

02

어른이 되면서 놓치고 있는 것들

180도 싹 바뀐 건 아닙니다. 여전히 아이는 책을 읽는 동안 코를 만지작거리거나 이상한 소리를 냅니다. 아직까지는 책의 매력에 완전히 빠진 게 아닙니다. 그래도 이게 어디입니까? 책을 싫어하는 아이가 책을 읽겠다고 이러고 있으니.

02

어른이 되면서 놓치고 있는 것들

너무나
익숙해서,
작은
것들의
소중함을
잊고
살았다

△
동 물 원 ,

▲
짜 장 면 ,

그 리 고

필 름 카 메 라
△

▲

누군가가 나를 챙겨주지 않을 때만큼 서운한 건 없습니다. 특히 내 생일을 아무도 몰라줄 때 그 서운함은 가슴을 후벼 팝니다.

'혹시 나 몰래 깜짝 이벤트를 준비하는 건 아닐까?'

이러한 기대감을 품으며 그 순간을 기다려보지만 아무런 일도 일어나지 않습니다. 그때 느끼는 배신감과 허탈함은 이루 말할 수 없습니다. 비참, 그 자체죠.

'이럴 줄 알았으면 오늘이 내 생일이라고 미리 말할 걸.'

스스로 생일을 밝히는 것이 자존심 상하고 괜히 옆구리 찔러 절 받기 식이긴 하지만, 그래도 아무도 챙겨주지 않는 것보다는 덜 비참할 겁니다.

저 역시 대학과 직장을 다닐 때, 친구나 동료에게 생일 축하도 받지 못하고 그냥 지나간 적이 간혹 있었습니다. 어느 때는 음력 생일이라 저 자신조차 모르고 지나가기도 했습니다. 그러나 이 세상에서 유일하게 제 생일을 잊지 않고 기억해주는 한 사람이 있었습니다. 바로 어머니였습니다.

"엄마, 웬 미역국이야? 오늘 누구 생일이야?"

"오늘 막둥이 니 생일이잖아. 많이 먹어."

어머니는 제 생일을 한 번도 잊은 적이 없었습니다. 생일날 아침이면 꼬박꼬박 미역국을 끓여 앞에 놓았습니다. 직장 때문에 타지로 떠났을 때도 어머니는 잊지 않고 미역국을 끓였습니다.

"막둥아, 오늘 니 생일인 줄 알지? 니 생각하며 미역국 끓였어. 회사 잘 다니고 오늘 맛난 거 사먹어."

"예. 그럴게요."

그러고 보면 어머니는 참으로 대단합니다. 가족들의 생일을 까먹을 법도 한데 정확히 기억하고 있습니다. 때가 되면 어김없이 미역국을 끓여 주시지요. 비록 쇠고기가 들어간 미역국은 아니었지만 그 미역국을 받을 때면 참으로 행복했습니다. 나를 기억해주고 늘 나의 편이 되어주는 사람이 있다는 것, 그 자체가 행복했던 겁니다.

지금은 엄마표 미역국을 더 이상 먹을 수 없고 추억으로만 떠올려야 하는 처지가 되었지만 그래도 미역국만 생각하면 가슴이 한켠이 참으로 따뜻해집니다.

지난번에 영화배우 한석규가 한 TV 프로그램에 출연해 어머니에 대한 일화를 들려준 적이 있습니다. 가장 행복했던 순간이 언제였느냐는 MC의 질문에 그는 대략 이런 식으로 말했습니다.

"어머니와 낚시를 많이 다녔어요. 어떤 날은 비가 와 옷이 다 젖었습니다. 옷을 다 벗고 낚시를 했고 그날 밤에 어머니와 함께 불장난을 했습니다. 불이 굉장히 크게 타 올랐죠. 엄마와 함께 깔깔깔 웃었어요. 그때가 가장 행복했습니다. 그때 생각하면 참 좋습니다."

이 프로그램을 보면서 저도 어머니와 함께했던 추억이 뭐가 없을까 옛 기억을 떠올려봤습니다.

　　초등학교 때 엄마 손을 잡고 전주 동물원에 간 적이 있습니다. 어머니의 목엔 카메라가 걸려 있었지요. 지금은 디지털카메라지만 예전엔 필름카메라였습니다.

　　"막동아, 거기 서 봐. 웃어야지."

　　코끼리 앞에서 찰칵. 원숭이 앞에서 찰칵. 얼룩말 앞에서 찰칵. 솜사탕 한 입 먹으며 찰칵.

　　"나중에 남는 건 사진뿐여."

　　어머니는 연신 카메라 셔터를 눌러댔습니다. 저는 포즈를 취하느라 바빴습니다. 집으로 오는 길, 중국집에 들러 짜장면을 먹었습니다. 너무나 행복한 하루였습니다. 저는 어머니께 작은 보답이라도 해야겠다고 생각했습니다.

　　"엄마, 주현미 노래 가사 적어줄까?"

　　"좋지."

　　그날 저녁, 라디오에서 주현미 노래가 나오길 손꼽아 기다렸습니다. 간절하면 이뤄진다고 했던가요. 정말로 라디오에서 주현미의 「비에 젖은 터미널」이 흘러나왔습니다. 잽싸게 카세트 버튼 두 개를 눌러 공테이프에 노래를 녹음했습니다.

　　"됐다. 이제 받아 적기만 하면 돼."

녹음된 테이프를 틀어놓고 가사를 받아 적기 시작했습니다. 녹음 상태가 별로 좋지 않아 가사를 정확히 알아들을 수가 없었지만, 어쩔 수 없었습니다. 수십 번 반복 재생하면서 한 줄 한 줄 힘겹게 가사를 완성해갔습니다. 그리고 마침내 완전한 가사를 얻을 수 있었습니다. 어머니는 노래 가사를 보더니 무척 기뻐하셨습니다. 그날 밤, 안방에서는 늦게까지 어머니의 노랫소리가 흘러나왔습니다.

다음 날, 인화를 하러 사진관에 갔는데 너무나 황당한 일이 벌어졌습니다. 사진관 주인이 카메라를 열었는데 글쎄 필름이 들어있지 않았던 것입니다. 필름도 없는 카메라로 그렇게 열심히 찍었던 것이죠. 동물원 사진이 모두 다 허탕이어서 아쉬움은 남았지만 그래도 두고두고 추억할 수 있는 재미난 사건을 만들었다는 걸로 만족했습니다.

누구에게나 어머니와 함께 했던 순간이 있을 것입니다. 그 당시에는 별 것 없는 일상이지만 먼 훗날 그때의 일을 떠올리면 그때만큼 행복했던 시간은 없었다는 걸 느끼게 됩니다. 살면서 힘들 때 꺼내볼 수 있는 추억이 많다면 그나마 덜 눈물겹고 덜 서러울 겁니다.

세 상 에 서
가 장 ▲
기 억 에
남 는
선 물 ▲▲
하 나

사운드 엔지니어 상우는 치매에 걸린 할머니와 혼자가 되신 아버지 그리고 고모와 함께 살고 있었습니다. 어느 겨울, 그는 녹음작업 때문에 지방 방송국 라디오PD 은수를 만나게 됩니다. 자연의 소리를 채집해 들려주는 라디오 프로그램을 준비하기 위해 은수와 상우는 녹음 여행을 떠납니다. 자연스레 기까워진 두 사람은 어느 날 은수의 아파트에서 함께 밤을 보냅니다. 상우는 주체할 수 없을 정도로 그녀에게 쉽게 빠져 들었습니다.

그런데 겨울에 만난 두 사람은 개나리 피는 봄을 지나 여름을 맞이하면서 조금씩 삐걱거리기 시작합니다. 결혼을 맘먹고 있는 상우에 비해 이혼 경험이 있는 은수는 점점 상우가 부담스러워집니다. 그리고 끝내 은수는 상우에게 헤어지자고 말합니다.

'어떻게 사랑이 변하니?'라고 묻는 상우에게 은수는 그저 '헤어져.'라고 단호하게 말합니다. 결국 두 사람은 등을 보이며 저만치, 저만치 남남이 되고 맙니다.

이 이야기는 영화『봄날은 간다』의 내용입니다. 이 영화는 우리에게 무엇을 말하는 걸까요? 세상 다 변해도 사랑만은 변치 않을 것 같지만 결국 세상보다 먼저 변하는 것이 사랑이라는 걸 알려주는 걸까요. 아니면 그럼에도 불구하고 사랑을 끝끝내 지켜야 함을 알려주는 걸까요. 사실 사랑은 두 사람만의 은밀하고 지극히 개인적인 사생활이기 때문에 그 누구도 강요할 순 없습니다. 다만 그 사랑이 거짓이 아니길, 가볍지 않기를 바랄 뿐이지요.

이 영화에서 가장 기억에 남는 명대사가 있습니다. 많은 사람들에게 회자가 되었던 바로 그 말. 사랑이 어떻게 변하니,

이 말을 곱씹다보니 이 명대사와 엇비슷한 에피소드 하나가 떠올랐습니다.

어느 날, 아내에게 가장 기억에 남은 선물이 뭐냐고 물어본 적이 있었습니다. 아내는 눈을 감더니 잠시 상념에 잠겼습니다. 그런데 오래도록 눈을 뜨지 않았습니다.
저는 내심 불안했습니다.
'혹시 기억에 남는 선물이 없어서 그러는 걸까.'
사실 여태 아내에게 그럴싸한 선물 한 번 해준 적이 없었습니다. 기껏해야 생일날 전해준 케이크나 편지 아니면 결혼기념일에 초밥집에서 외식하는 것 정도가 전부였습니다.
잠시 후, 아내가 눈을 떴습니다. 그리고 빙그레 웃으며 말했습니다.
"오래 기다렸지? 내가 인기가 많아서 그동안 받은 선물이 꽤 되잖아. 그것들 중에 하나만 고르려니까 힘드네."
"그래서 골랐어?"
"당연하지. 가장 기억에 남은 선물은 바로 '지하철 반지'야."
"지,지하철 반지?"
순간, 그때 일이 떠올라 저는 얼굴이 붉어졌습니다.

아내가 임신을 했을 때의 일입니다. 아내는 유달리 입덧이 심했습니다. 그래서 밥 냄새만 맡아도 심지어 제 얼굴만 쳐다봐도 모두 게워냈습니다.

일하는 내내, 저는 아내의 입덧을 멎게 할 방법이 뭐가 있을지 생각했습니다. 일을 마친 후, 지하철을 타고 집에 오는데 지하철 안에서 잡상인이 무언가를 파는 것이었습니다. 그건 바로 반지였습니다. 반짝반짝 참 예뻤습니다. 그리고 케이스도 있고, 가격이 참 착했습니다. 단돈 3,000원. 저는 이거다 싶어 주저 없이 샀습니다. 집에 도착하니 아내의 안색이 좋지 않았습니다. 하루 종일 한 끼도 못 먹고 과일만 먹었다는 것이었습니다.

"내가 작은 선물 하나 사왔어. 이것 받고 이제 입덧은 그만해. 알았지? 자, 손 좀 내밀어 봐."

저는 아내의 손가락에 반지를 끼워주었습니다.

"와, 정말 예쁘다. 어디서 샀어?"

"그,그,그야 금은방에서 샀지."

"비싸지 않아?"

"좀 무리했지."

아내는 반지를 받고 기분이 좋아졌는지 활짝 편 목련처럼 방긋 방긋 미소 지었습니다.

사랑아, 세상이 다 변해도
너만은 변치 마라.
땅이 단풍에 물들고 하늘이 달빛에 그을려도

사랑아, 너만은 늙지 마라.

"나 밥 먹을래!"

"그래그래. 그래야지. 내가 금방 차려올게."

신기하게도 그 날 이후로 아내의 입덧은 사라지고 말았습니다. 선물의 위력이 이렇게 대단하다니, 새삼 놀랐습니다.

문제는 몇 개월 후에 터졌습니다. 그 반지가 서서히 변하기 시작한 겁니다. 금색 도금한 것이 지워지고 조금씩 검게 변하더니 끝내는 녹이 슬었습니다. 아내는 반지를 제게 내밀며 강한 눈빛으로 째려봤습니다.

"이거 어디서 샀어? 이거 왜 이래?"

"그러게, 왜 이러지?"

"솔직히 말해. 이거 어디서 샀어?"

결국 저는 모든 것을 사실대로 말했습니다. 아내는 어이가 없는지 계속 웃기만 했습니다. 저는 머리를 긁적거리며 말했습니다.

"미안. 용서해줘라. 이것 덕분에 입덧도 사라졌잖아. 용서해주는 거지?"

"어떻게 반지가 변하니?"

"반지는 변했지만 그래도 변치 않는 게 있잖아. 내 마음.

용서해줄 거지?"

아내는 빙그레 웃으며 고개를 끄덕였습니다. 그리고 한 달 후, 아주 멋지게 생긴 아이를 순산했습니다.

작고 초라하고 부끄럽기 짝이 없는 선물이었지만 가장 기억에 남는 선물이라고 말해준 아내가 정말로 고맙기도 하고 한편으로 짓궂다는 생각도 들었습니다. 평생 가야 다이아 반지는 못해줄 게 뻔하지만 그래도 다이아보다 빛나는 이 마음을 전할 방법을 다시 한 번 찾아야겠습니다.

그렇게
그냥
스쳐지나간
수많은
이름들의
기억

인간경영과 자기계발 분야 최고의 컨설턴트인 데일 카네기. 그의 저서 『인간관계론』을 보면 인간관계에 있어 필요한 지침들이 많이 나와 있습니다. 그 방법들 중에 몇 개를 추려보면 다음과 같습니다.

  칭찬과 감사의 말로 시작하라.

친절을 베풀어라.
상대방의 눈으로 세상으로 바라보라.
상대방이 필요한 것을 줘라.

이대로만 한다면 복잡하고 어려운 인간관계를 조금 더 쉽게 풀어갈 수 있을 겁니다. 그렇지만 이러한 방법들을 행하기에 앞서 가장 먼저 선행되어야 할 것이 있습니다. 바로 상대방의 이름을 알고 외우는 것입니다. 이름은 한 사람의 존재 혹은 정체성까지 규정할 수 있는 가장 단순하고도 강력한 요소입니다. 따라서 이름을 기억하지 못한다는 건 상대방에 대한 결례일 뿐만 아니라 인간관계에 있어서도 걸림돌이 됩니다.

저 역시 이름에 관해 민망하고 난처했던 경험이 있습니다.
광고회사 다닐 때 저랑 호흡을 맞췄던 디자이너 선배가 독립을 해서 자그마한 회사를 차렸습니다. 어느 날, 일손이 부족하다고 연락이 왔습니다.

"며칠 전에 우리 카피라이터가 그만둬서 그러는데 이번 건만 좀 도와줘라. 며칠만 고생하면 될 거야."

"저 요즘 책 집필만 하고 있어요. 카피 안 쓴 지 좀 됐는데…."

"너 왜 그래? 급하단 말이야. 다음 주 수요일까지 촬영 콘티 썸네일 갖고 광고주한테 가야 돼. 아이디어랑 카피 좀."

사실 전 원고 마감 때문에 시간적 여유가 없었습니다. 그렇다고 차마 거절할 순 없습니다.

"알았어요. 감각 잃었다고 뭐라고 하면 안 돼요?"

"무슨 소리야. 어서 와. 콘셉트 회의하고 바로 아이디어 들어가야 돼."

부랴부랴 노트북이랑 아이디어 노트를 챙겨 선배 회사로 갔습니다. 회사에 도착하니 선배랑 직원들 세 명이 저를 맞이해 주었습니다. 직원 한 명은 PD이고 또 한 명은 디자이너 팀장이고 그리고 좀 앳된 여자는 한 달쯤 된 신입이라고 했습니다. 명함을 받고 간단히 인사를 한 후, 바로 회의실로 들어가 콘셉트 회의를 했습니다. 숙제를 받아들고 집으로 돌아와 꼬박 삼일 밤을 샜습니다. 촉박한 시간 안에 최상의 아이디어를 뽑아내야 하므로 결코 쉬운 일은 아니었습니다.

3일 후, 선배랑 최 PD랑 윤 팀장이랑 그리고 신입 이렇게 오순도순 마주앉아 서로의 아이디어를 공유하며 전투적으로 회의를 했습니다. 흡족한 결과가 나오지 않아 다시 이틀 후에 만나기로 했습니다. 이틀 후, 세 번째 만남을 가졌습니다. 이번 회의에서는 꽤 똘똘한 아이디어가 나왔습니다. 썸네일을 정교하게 칼라 콘티로 제작해서 광고주에게 보여주는 걸로 결론을 봤습니다.

얼추 작업이 마무리가 되어 귀가하려는데 신입이 불쑥 책 두 권을 제게 내밀었습니다. 어디선가 많이 본 듯한 책. 낯설지 않은 책. 바로 제가 예전에 출간했던 책이었습니다.

"작가님, 사인 좀 해주세요."

"어? 이거 내 책인데. 어떻게…."

"대표님께서 어제 알려주셨어요. 작가님이라고요. 성함을 알고 깜짝 놀랐어요. 저희 집에 작가님 책이 있거든요. 책을 읽고 한 번 만나 뵈었으면 했는데 이렇게 만나다니 정말로 신기하고 놀라워요. 두 권 다 사인해주세요. 한 권은 집에서 가져온 거고 이 한 권은 어제 잠깐 서점에 들러 며칠 전에 나온 신간을 샀어요."

열혈 독자를 만나다니 무척 기쁘고 행복했습니다.

그런데 문제가 생기고 말았습니다. 제가 그 신입의 이름을 모른다는 사실. 보통 사인을 하려면 상대방의 이름을 적은 다음

나도 모르게 스쳐지나간 수많은 이름들.
너무나 사소해서 무심결에 지나치는 것들이

때로는 가장 의미 있는 건지도 모른다.

그 아래에 멋진 말 몇 마디를 써줘야 하는데 이름을 모르니 일을 진행할 수가 없었습니다. 저는 볼펜을 만지작거리며 고민에 잠겼습니다. 이름을 물어볼까 아니면 이름을 생략하고 몇 자 적을까….

그때 옆에 있던 선배가 제 어깨를 툭 치며 장난스러운 말투로 말했습니다.

"김 작가, 너 혹시 우리 신입 이름 모르는 거 아냐? 왜 알면서 모르는 척 해? 정말 몰라? 우리 신입 어쩌나."

저는 신입의 이름을 기억해내려고 머리를 쥐어짰습니다. 그런데 도무지 생각이 나지 않았습니다. 신입의 얼굴을 차마 볼 수가 없었습니다. 그러고 보니 회의를 할 때도 PD와 디자이너 팀장에게 성과 직함을 붙여 제대로 호칭을 했는데 신입에게는 호칭은 물론이고 이름 석 자도 불러주지 않았습니다. 결국 이름을 모른다고 실토를 하고 무거운 마음으로 사인을 해줬습니다.

"죄송해요. 제가 이름을 기억했어야 했는데…."

신입은 미소 지으며 괜찮다고 했지만 사실 괜찮을 리가 없다는 걸 잘 압니다. 마음속으로는 분명 언짢았을 겁니다. 서운하기도 했을 거고요. 고맙게도 내 책을 사주고 내 이름도 기억해준 그녀였는데 저는 이류 석 자조차도 알아주지 못했습니다.

그때를 생각하면 아직도 미안하고 민망해 얼굴이 붉어집니다.

인간의 뇌는 언어나 문자보다 시각적인 것을 보다 쉽고 빨리 흡수한다고 합니다. 또한 오래 기억한다고 합니다. 즉, 이름보다는 얼굴을 외우고 기억하는 게 훨씬 수월하다는 얘기입니다. 누구나 다 수월한 쪽만 쫓기 마련인데 그렇게 되면 인간관계는 엉망이 됩니다. 내 이름을 기억해주지 않는 이에게 그 누가 호감을 갖겠습니까?

각종 드라마에서 명품 연기를 선보인 배우 김웅수는 스태프 이름을 모두 외우기로 유명합니다. 한 작품 당 대략 200여 명의 스태프들이 있는데 두 작품을 연이어 할 때는 스태프만 해도 400여 명에 육박합니다. 그런데 그는 그 많은 스태프들의 이름을 거의 외운다고 합니다. 막내 스태프의 이름까지도 말이죠. 그가 남보다 기억력이 뛰어나기 때문일까요? 그렇지 않습니다. 이것이 사람들을 대하는 그의 태도이며 마음입니다. 이름 석 자를 불러주기 위해 스태프 명단을 입수해 몇날 며칠 이름을 외우고 그 이름 석 자를 다정하게 불러주는 것이죠.

이름의 효과는 인간관계에서만 유용한 게 아니라 비즈니스에서도 탁월한 힘을 발휘합니다. 세계적인 부호이자 철강왕인 앤드류 카네기에게 이런 일화가 있습니다. 카네기는 펜실베이니아의 철도 회사에 레일을 팔고자 했습니다.

'어떻게 하면 레일을 팔 수 있을까?'

카네기는 좋은 방법을 찾아냈습니다. 그 철도 회사 사장의 이름이 에드가 톰슨이라는 것에 착안해서 피츠버그에 '에드가 톰슨 제철소'를 지었습니다.

카네기는 철도 회사에 찾아갔습니다.

"사장님의 성함과 저희 제철소 이름이 같습니다. 이런 인연이 어디 있습니까?"

"그러게요. 세상에 내 이름의 제철소가 있다니! 이거 기분이 좋은 걸요."

결과가 어떻게 되었는지는 굳이 말하지 않아도 다 아실 겁니다.

이제부턴 저도 좀 달라져야겠습니다. 내일 모레 책 출간과 관련해서 출판사 편집부원들과 미팅이 잡혀 있는데 분명 명함을 주고받게 될 것입니다. 명함을 받자마자 수첩에 넣지 않으렵니다. 명함과 얼굴을 번갈아 보며 시선을 주고 기회가 되면 이름과 직급을 한 번 부르렵니다. 요즘 자꾸 까마귀 고기를 먹었는지 까막까막하지만 그래도 여러 번 이름을 부르면 외워지겠지요. 이름! 조금만 신경 쓰면 상대방도 기분 좋아지고 나 역시 즐거워지는 삶의 열쇠라는 걸 꼭 알아두자고요.

첫 사 랑 을
할 때 처 럼
처 음 을
준 비 하 는
마 음

몇 해 전, 제약회사 홍보팀에서 전화 연락이 왔습니다.
"김 작가님, 메일 드렸던 홍보팀 김 과장입니다."
"아, 예. 안녕하세요."
"메일은 읽어보셨죠? 마음의 결정은 하셨나요?"
"저도 제 앞가림을 못하는데 누굴 심사한다는 게 좀 그렇긴 하지만, 기회를 주시면 한 번 해보겠습니다."

"무슨 말씀이세요. 허락해주셔서 감사합니다."

그렇게 해서 저는 한 제약회사에서 개최하는 문학상의 심사위원으로 위촉이 되었습니다.

심사는 다음과 같은 방식으로 진행되었습니다. 응모한 원고 중에서 괜찮다 싶은 원고를 우선 1차적으로 10편을 뽑고 10편으로 압축된 원고를 심사위원들이 다 모여 최고의 작품을 뽑는 식이었습니다. 일반부와 학생부로 나눠 원고를 모집했는데 저는 학생부 원고를 심사하게 되었습니다.

심사하는 날, 서둘러 제약회사의 홍보실에 도착한 저는 사무실에 들어서자마자 깜짝 놀랐습니다. 응모된 원고가 수북이 쌓여 있었던 것입니다.

"와, 많다."

"김 작가님, 어서 오세요. 오늘 정말로 수고 많이 하셔야겠네요."

대략 봐도 300여 편 정도 되는 듯했습니다. 이 많은 원고들 중에서 수상 가능성이 있는 10편을 고르는 게 저의 일이었습니다.

크게 숨을 한 번 들이마시고 본격적으로 원고 하나 하나를 꼼꼼히 읽기 시작했습니다. 그런데 한 10편 정도 읽다 보니 도저히 읽을 수가 없었습니다. 이 속도로 읽다가는 밤새도록 읽어도 다 읽지 못할 거라는 시간적인 압박도 있었지만, 그보다도 원고들이 하나 같이 수준미달인 탓이었습니다. 원고지에 글은 안 쓰고 만화 그림을 그려놓았는가 하면 '정말로 쓰기 싫다'라고 낙서를 한 것도 있었습니다. 심지어 원고 중간 중간에 알 수 없는 외계어는 물론 욕설까지 적은 것도 있었습니다.

접수 원고는 많은데 글 수준이 낮은 원인이 뭘까 생각해보니 아무래도 선생님께서 학생들에게 반 강제적으로 원고를 응모하라고 시킨 게 분명한 것 같았습니다.

상황이 이렇다 보니 원고를 끝까지 읽을 수가 없었습니다. 물론 응모한 사람의 정성을 봐서라도 끝까지 읽어주는 게 정상이고 예의이긴 하지만 그럴 만한 수준이 되지 않는 게 수두룩했습니다. 그래서 첫 문장, 첫 장이 매끄럽고 단어 선택도 신중하다 싶을 때만 그 다음 장도 계속 읽었습니다. 뒤로 갈수록 글의 힘이 떨어지고 엉뚱한 방향으로 흐르는 것도 있었지만 어떤 원고는 마무리까지 훌륭한 게 더러 있었습니다.

심사의 고통은 계속 되었고 늦은 밤이 되어서야 겨우 괜찮다 싶은 10편을 고를 수 있었습니다. 심사를 마치고 집으로 돌아오는 길, 제 머릿속에선 자꾸 이 말이 떠올랐습니다.

'처음 어떻게 보이느냐가 중요하구나.'

대개 사람들은 어떤 한 가지 일을 보고 전체를 미루어 짐작하는 경향이 있습니다. 처음 들어온 정보가 나중에 들어온 정보에 대한 해석 기준이 됩니다.

처음 호흡을 맞춘 파트너가 일을 꼼꼼하고 깔끔하게 처리하면 그 파트너를 신뢰하게 됩니다. 다음 일 역시 믿고 맡길 수 있습니다. 그러나 처음부터 대충하려는 게 눈에 보인다면 다음 일을 맡기고 싶은 맘이 생기지 않습니다.

누군가에게 처음 내 모습이 어떻게 비춰지느냐가 중요합니다. 사람들은 한 번 판단을 내리면 상황이 달라져도 웬만해선 처음 내린 판단을 번복하지 않고 지속하려 합니다. 그래서 처음이 중요하다는 겁니다.

그래서 그런지 몰라도 사람들은 첫인상에 많은 신경을 씁니다. 첫인상이 좋다는 평가를 얻으면 여러모로 유리합니다. 상대에게 좋은 이미지로 각인되어 있다면 실수나 잘못을 하더라도 좀 너그럽게 넘어갑니다.

"자네가 그럴 리가 없는데."
"그럴 만한 사정이 있었겠지. 안 그래?"

그러나 상대에게 첫인상이 좋지 않게 형성되어 있다면 아주 작은 실수나 잘못에도 "내 저렇게 할 줄 알았어. 하여간 처음부터 느낌이 안 좋더니 꼭 말썽이군." 이런 식으로 말합니다.

물론 첫인상이 끝까지 간다는 보장은 없습니다. 처음에는 좋고 훌륭하게 시작했지만 시간이 지날수록 실망을 주는 경우도 있습니다. 또한 하나만으로 모든 것을 판단하면 자칫 선입견의 오류에 빠질 수도 있습니다. 최종적인 평가를 내리기도 전에 미리 첫인상의 편파적인 사고에서 출발하기 때문에 제대로 된 평가를 내릴 수 없기도 합니다.

그럼에도 처음은 중요합니다. 오늘 누군가를 처음 만난다면 한 번이라도 더 거울을 봅시다. 옷매무시도 한 번 더 점검하고 얼굴도 활짝 펴고 말도 조심하고 예의도 갖춥시다. 보고서나 기획서를 제출할 때도 첫 문장을 어떻게 시작할지 더 많이 고민합시다. 새로운 일을 시작할 때도 첫날의 행동에 더 신경 씁시다. 처음은 절호의 찬스입니다. 나중에 잘하면 된다 생각하지 말고 다소 힘들고 어렵더라고 기초를 단단히 다져두는 것이 좋습니다. 그래야 그 이후가 편안합니다. 첫사랑이 설레고 오래 남는 것처럼, 일이든 사람을 대하든 첫사랑을 하는 것처럼 좋은 모습으로 시작하는 게 낫지 않겠습니까.

인 생 의
즐 거 움 ,
그
숨 은 그 림
찾 기

누구나 다 즐거운 하루가 되길 바라고 오늘 하루의 즐거움이 내일도 모레도 계속 이어져 인생 자체가 즐거움으로 가득 하길 바랍니다. 그 바람대로 이루어진다면 얼마나 좋겠습니까? 그러나 즐겁고 기쁜 인생을 만든다는 게 쉬운 일은 아닙니다. 즐거운 일이 일어났으면 하는 바람과는 달리 우리의 일상은 늘 정반대로 펼쳐집니다.

버스나 지하철에서 신발을 밟힌다든지, 엘리베이터 안에서 꼴도 보기 싫은 사람과 단 둘만 있게 된다든지, 상사나 선생님께 꾸지람을 듣는다든지, 갑자기 지인이 병환으로 돌아가셨다든지, 얄미운 친구가 승승장구한다든지, 그다지 즐겁지 않은 일들이 종종 발생합니다.

물론 간혹 즐거운 일이 생기기도 합니다. 뜻하지 않게 보너스를 받았다든지, 오해로 담을 쌓고 지냈던 벗과 화해를 했다든지, 상사나 선생님께 칭찬을 들었다든지. 그러나 그건 정말로 가물에 콩 나듯 합니다. 인생 전체를 즐거움으로 도배하기엔 너무나 부족한 양입니다.

그렇다면 인생 전체를 즐거움으로 채울 수 있는 방법은 없는 걸까요? 물론 있습니다. 나 자신이 유쾌하고 즐겁고 행복해지는 작은 장치들을 일부러라도 만드는 겁니다. 사람마다 그 장치는 각기 다를 수 있겠지만, 제가 지금껏 깨달은 장치들은 이렇습니다.

첫째, 웃는 것입니다.

독특한 개성으로 많은 사랑을 받았던 영화배우 찰리 채플린은 '웃지 않고 보낸 날은 망친 하루다'라고 말했고 영국의 시인이자 소설가인 찰스 킹슬리는 '내가 아는 최고의 성공한 사람들은 하나 같이 명랑하고 유머러스하며 희망에 가득 찬 사람들이다'라고 말했습니다.

웃을 일이 없어도 웃음을 만들어야 합니다. 우리의 뇌는 착각덩어리입니다. 아주 매콤한 낙지비빔밥을 상상만 해도 입안에 침이 고이고 얼굴이 달아오릅니다. 직접 먹지 않아도 상상만으로 뇌는 몸에 반응 신호를 보냅니다.

웃음도 그렇습니다. 꼭 웃기는 상황이 아니더라도 일부러라도 웃으면 뇌도 덩달아 따라 웃습니다. 지금 웃을 상황이 아닌데 왜 웃느냐고 뇌는 따지지 않습니다. 웃는 하루는 주어지는 게 아니라 만드는 겁니다. 내가 웃으면 친구가 웃고 내가 웃으면 가족이 웃고 내가 웃으면 세상이 웃습니다.

둘째, 하고 싶은 일을 하는 겁니다.

일본 만화 중에서 아직까지도 사랑을 받는 캐릭터가 있습니다. 바로 '아톰'입니다. 저 역시 어릴 적에 TV에서 방영하는 아톰을 보며 열광을 한 적이 있습니다. 아톰을 만든 일본 만화계의 신이라 불리는 만화가가 바로 '데즈카 오사무'입니다. 그는 오사카대 의학부를 졸업한 의학박사였습니다. 돈과 명예가 보장된 의사의 길을 놔두고 그가 만화가의 길을 선택한 이유는 아주 단순합니다.

"난 즐겁게 살고 싶어."

즐겁기 위해선 자기가 하고 싶은 일을 해야 한다는 걸 그는 잘 알았습니다. 그래서 만화가의 삶을 선택했습니다. 하고 싶은 일을 선택하고 그 일을 지속한다는 게 물론 쉬운 일이 아닙니다. 중간 중간 고비가 찾아오고 그 일에 싫증을 느낄 수도 있습니다. 그렇지만 하기 싫은 일을 하는 것보다는 덜 할 것입니다.

'시몬튼 요법'이란 게 있습니다. 암 치료 전문가인 칼 시몬튼 박사의 이름에서 따온 건데, 이 요법은 환자를 즐겁게 해서 병을 완화시키는 치료법입니다.

어느 날, 말기 암을 앓고 있는 여자가 그를 찾아왔습니다. 여자는 이미 삶의 의욕을 잃은 상태였습니다.

"선생님, 저는 이제 뭘 하죠? 죽음을 기다리는 이 순간이 너무나 고통스럽고 두려워요. 저는 앞으로 어떻게 해야 하죠?"

"후회 없이 꼭 하고 싶은 일을 해보세요. 하고 싶은 일이 뭔가요?"

"으음. 세계 여행입니다."

어쩌다 생기는 우연에
내 인생의 행복을 맡겨버리지 말자.
즐거움은 존재하는 게 아니라
발견하는 것이다.

"좋습니다. 즐거운 여행 되세요. 그리고 여행지에서 저에게 엽서를 보내는 건 잊지 마세요."

여자는 세계 여행을 떠났고 하루가 멀다 하고 엽서를 보냈습니다. 길어야 3개월이라는 진단을 받았는데 그 엽서는 6개월째 날아왔습니다.

1년 뒤, 여행을 마치고 온 그 여자를 검사했는데 놀라운 기적이 일어났습니다. 암세포 흔적이 깨끗이 사라진 것입니다. 즐거운 일에 몰입하다 보면 근심걱정도 사라지고 몸과 마음에 꽃이 핍니다.

셋째, 작고 사소한 것에서 기쁨을 발견하는 것입니다.

보통 우리들은 '왜 이렇게 즐거운 일이 일어나지 않을까' 하고 생각합니다. 하지만 세상은 즐거움으로 가득합니다. 즐거움은 수두룩한데 우리가 그것들을 미처 발견하지 못하고 깨닫지 못할 뿐입니다. 아무리 찾아봐도 없다고요? 고개를 들고 있으면 절대 찾을 수 없습니다. 그렇게 큰 기대감으로 두리번거리면 절대 찾을 수 없습니다.

이제는 낮은 곳, 작은 것, 사소한 것들에 눈을 돌리고 귀를 기울이면 어떨까요? 길섶에 핀 꽃 한 송이, 창가에 내려앉은 햇살 한 줌, 하늘을 가로지르며 날아가는 새 한 마리, 시골 굴뚝에서 피어오르는 연기 한 줄기, 강가에 떠 있는 오리 한 마리, 그리고 친구의 미소와 함께 나눠 마시는 커피 한 잔, 아침에 우산을 챙겨주는 엄마의 손길 등.

따뜻하고 고운 마음으로 세상을 바라보면 작고 사소한 것 역시 기쁨으로 다가옵니다. 작고 사소한 것들에 대한 관심과 애정이 인생을 즐겁게 만듭니다.

그 노래, 가슴이 뜨거워졌다

누구에게나 인생의 큰 힘이 되어주는 노래나 영화 혹은 명문장 등이 있을 겁니다. 어려움을 겪게 되거나 외롭고 고독한 시간과 마주했을 때, 마음의 위로가 되어주는 자기만의 동지이자 절망의 보호막이 되는 그 무엇.

저에겐 가수 이승환의 노래가 그렇습니다. 중학생 시절부터 지금까지도 즐겨 듣습니다. 중학생 시절 너무나 떨린 나머지

국어책을 한 줄도 못 읽고 망신을 당했을 때도, 고등학교 시절 좋아했던 여자에게 차였을 때도, 아버지께서 교통사고를 당했을 그 당시에도, 군대에서 선임에게 맞아 기절을 했을 때도, 대학 졸업 후 백수의 삶을 살았을 때도, 서울로 상경해 고독과 외로움에 흠뻑 취해 밤거리를 헤맬 때도, 제 귓가엔 언제나 그의 노래가 머물렀습니다. 그의 노래가 좋은 이유는 슬플 때 들으면 더 슬퍼지고, 기쁠 때 들으면 더 기뻐지고, 고독해지고자 할 때 들으면 더 고독하게 만드는 그런 묘한 매력이 있기 때문입니다.

그의 노래가 제 가슴에 쌓이고 쌓여 넘쳐날 즈음, 콘서트장에 갔습니다. 직접 눈으로 보고 귀로 듣고 싶었습니다. 티켓값이 부담스럽긴 했지만 이 정도는 지불해주는 게 여태 나를 위해 노래를 불러줬던 가수에 대한 예의이고 또한 나 자신을 위한 선물이라 생각했습니다.

콘서트장 안은 사람들로 가득 찼습니다. 마치 출근길 사당역 지하철을 방불케 했습니다. 얼마나 기다리던 공연이었던가. 드디어 무대의 막이 오르고 그가 등장했습니다. 가슴이 울렁거리기 시작했습니다. 공연 내내 저는 그의 노래 하나, 몸짓 하나, 말 한 마디도 놓치지 않으려고 온 정신을 집중해 관람했습니다. 마지막 노래를 끝으로 대단원의 막이 내릴 때는 벅찬 감동이 밀

려와 제대로 숨을 쉴 수가 없었습니다. 그 감동의 여운은 한동안 지속되었습니다. 그리고 공연을 통해 감동이란 축복 외에도 또 하나 얻은 인생의 선물이 있습니다. 바로 열정입니다.

    생물학적으로 쉰 살에 가까운 나이이지만 오히려 20대보다 더 활기차고 격정적으로 무대를 누볐던 그 가수와 2시간 내내 서서 목이 터져라 환호하며 발광하는 관객들을 보니 참으로 놀라웠습니다. 어떻게 저리도 뜨거울 수가 있을까. 그게 다 열정이 있기에 가능한 일이 아닐까 싶었습니다.

    예전에 한 은행의 광고에 이런 카피가 등장한 적이 있습니다.
    '징기스칸, 그에게서 열정을 뺀다면 그는 이름 없는 양치기에 그쳤을 것이다. 인생에 열정을 더하라.'
    인생에서 열정을 빼면 무료한 오늘과 무기력한 나만 남습니다. 무료함과 무기력으로 어찌 발전하는 인생을 기대할 수 있겠습니까. 아마도 많은 분들이 반복적인 일상과 짊어져야 할 인생의 짐 때문에 많이 지쳐있을 겁니다. 꿈은 온데간데없고 그나마 남아있는 열정도 점점 식어가는 중일 겁니다.
    저 역시 그렇습니다. 예전에는 핏대를 세우며 노래도 했었고 아니다 싶으면 절대로 하지 않는 고집도 있었고 밀어붙일 때는 무섭게 밀어붙이기도 했습니다. 좋아하는 일이면 손해를 보더라도, 몸에 무리가 오더라도 하고자 했습니다.

　그런데 요즘은 뭔가를 하고자 하는 의욕이 없습니다. 하는 일 없이 피곤하기만 하고, 멍하니 앉아 창밖만 바라보는 날이 많아지고, 아침에 눈을 떠도 그다지 설레지도 않고, 꽃을 봐도 기쁘지 않습니다. 한 살 한 살 늘어가는 나이 탓도 있겠지만 가장 큰 문제는 꿈이 점점 희미해지고 있다는 것과 열정이 점점 식어가고 있다는 겁니다. 가슴에 손을 얹어 열정의 온도를 재보니 냉랭하기 그지없습니다. 식어버린 열정을 다시 불타오르게 할 방법이 없을까요?

　스스로의 힘으로 열정을 되살린다면 좋겠지만 사실 그러기가 쉽지 않습니다. 사람들은 조금이라도 더 편하길 원하고 귀찮은 일은 피하며 게으름을 즐깁니다. 또한 처음의 다짐과 각오는 시간이 지남에 따라 점점 약해지거나 없던 일이 되고 맙니다. 열정을 일으킬 만한 자극제가 필요합니다. 그런데 그 자극제는 대부분 외부 혹은 타인으로부터 오는 경우가 많습니다.

　다행히도 며칠 전에 내 안의 열정 불씨를 다시 지필 수 있는 자극제를 발견했습니다. KBS스페셜 「잘 늙는 법」이란 방송을 봤는데 아흔 살이 넘은 존 로우라는 할아버지의 삶이 저에겐 자극제가 되었습니다.

존 할아버지의 연세는 93세. 친구들의 대부분은 먼저 하늘나라로 갔습니다. 심지어 같은 동네에 사는 자식뻘 되는 사람들도 세상과 작별을 했습니다. 그렇지만 이대로 떠나기엔 그의 가슴이 너무나 뜨겁습니다.

80세가 되던 해, 어느 날 그는 아름다운 선율에 맞춰 우아한 동작을 표현하는 발레에 맘을 빼앗겼습니다.

"그래, 나도 한 번 배워보자."

당장 발레 학원을 찾아갔습니다.

"예? 지금 제가 잘못 들은 건 아니죠? 할아버지 연세에 발레를 배우겠다고요?"

"왜요? 안 됩니까?"

"당연하죠. 어르신, 발레는 아무나 하는 게 아니에요. 괜히 하셨다가 무슨 일이라도 생기면 저는 어떻게 합니까? 그냥 집에서 쉬세요."

발레 학원 몇 군데를 찾아갔지만 가는 곳마다 거절을 당했습니다. 그러나 한 곳에서 그를 받아줬습니다.

"연세가 많으셔서 좀 걱정스럽긴 하지만 어르신의 열정이 참으로 대단하셔서 특별히 가르쳐드리겠습니다."

"고맙소."

그렇게 해서 존 할아버지는 발레를 배우기 시작했습니다. 젊은 사람에 비해 몸이 많이 굳어 유연성도 떨어지고 과격한 동작을 하기엔 어려움도 있지만 그래도 선생님의 지시에 잘 따랐습니다. 표현력만큼은 살아온 연륜이 있어서 그런지 몰라도 아주 훌륭했습니다. 여전히 그는 발레를 하고 있고 지금도 건강한 삶을 영위하고 있습니다. 세월을 이기는 사람은 아무도 없습니다. 다 늙기 마련이죠. 그러나 노화를 늦출 수 있는 건 보톡스나 건강식품이 아니라 열정인 듯싶습니다. 존 할아버지의 열정이 그를 젊게 만드는 비법이었습니다.

아직까지 불씨가 남아있다면 우리는 다시 또 활활 타오를 수 있습니다. 다시 한 번 꿈에 대해 점검할 필요가 있습니다. 지금까지 힘들게 달려왔지만 그렇다고 멈출 순 없습니다. 멈추는 순간 모든 것이 다 끝나기 때문입니다. 잠시 숨을 고르고 다시 또 달려야 합니다. 열정의 불씨를 살려 활활 타오르게 해야 합니다.

저도 조만간 콘서트장에 다시 한 번 가봐야겠습니다. 이번 꿈은 온데간데없고 그나마 남아있는 열정도 점점 식어가는 중.
그토록 애타게 찾고 있는 열정은 때론 아주 사소한 것들에게서 온다.

에는 새색시마냥 얌전히 박수만 치지 않으렵니다. 미쳐야 미친다는 말처럼 저도 한 번 그들과 어울려 발광을 해봐야겠습니다. 그리고 그곳을 나올 때는 이 두 가지를 챙겨 나올 겁니다. 놓쳐버린 꿈과 잠자고 있는 열정. 꿈과 열정을 깨워 뜨거운 삶을 살아봐야겠습니다.

한 때 나 마
알 고 지 냈 던
사 이 ,
그 래 서
인 생 이 란

아는 사람 중에 유명한 사람이 두 명 있습니다. 한때 말을 섞기도 한 나름 가까운 사이였습니다. 물론 유명인이 되기 전에 그랬다는 겁니다. 지금은 연락도 닿지 않는 사이지만, 설령 만날 기회가 온다고 해도 왠지 서먹하고 불편할 것 같아 제 스스로 피하게 될 것 같습니다. 여하튼 가끔씩 방송이나 언론매체에서 그들의 소식이나 근황을 접할 때면 참으로 놀랍고 신기할 따름입니다.

"와, 내가 저 사람이랑 한때나마 알고 지내던 사이였다니! 참으로 알 수 없는 게 인생이야."

그들을 볼 때마다 흐뭇하기도 하고 옛날 생각이 나기도 합니다.

저에게 놀라움과 신기함을 선사한 첫 번째 인물은 지금 배우로 활동하는 사람입니다. TV와 영화 스크린에서 종횡무진 맹활약을 펼치고 있습니다. 이미지도 좋아 CF에서도 종종 얼굴을 볼 수 있습니다.

그는 대학교 시절 연극반 동아리 활동을 했습니다. 제가 2년 선배인데 그 당시 저는 휴학 중이라 학교에 상주해있지 않았지만 그래도 종종 동아리방에 들렀습니다. 그가 신입생이던 시절, 무대에 서기도 했는데 그 작품은 사무엘 베케트의 『고도를 기다리며』였습니다.

제 기억으로 그는 '럭키'라는 배역을 맡았습니다. 럭키는 잔인한 지주인 포조의 노예로 주로 끈에 묶여 포조에게 끌려 다니는 역할이었습니다. 극 전개상 그리 큰 비중 있는 배역은 아니었지만 그래도 참으로 열심히 했던 걸로 기억하고 있습니다.

오랜 시간이 지난 후, 어느 날 TV를 보는데 화면 가득 그의 얼굴이 보이는 것이었습니다.

"어? 저 애가 왜 저기 있지! 와, 세상에 이럴 수가!"

반가운 마음에 전화 통화를 했고 오랜만에 그의 목소리를 들을 수 있었습니다. 그 후로 하루가 다르게 그는 성장했고 마침내 스타배우로 자리매김을 하게 되었습니다.

두 번째 인물은 카피라이터로 일할 당시, 입사 동기였던 박 카피입니다. 박 카피는 얼굴도 예쁘고 성격도 밝았습니다. 계속 되는 야근에 지칠 만도 한데 오다가다 만나면 늘 환하게 웃었고 씩씩했습니다.

"바빠? 커피나 한 잔 할까?"

"좋아요."

둘 다 신입사원인데다가 팀의 막내다 보니 그리 여유부릴 처지는 안 됐습니다. 짬이 날 때 빈 회의실에서 커피를 마시며 이런저런 얘기를 나누다가도 선배들이 부르면 '예' 대답하며 달려 나갔습니다. 나름 힘든 생활이었지만 그래도 동기가 있다는 게 큰 위안이 되었습니다. 시간이 흐르면서 우리는 서서히 회사에 적응했고 실력도 갖추게 되었습니다.

몇 년 후, 저는 다른 직장으로 이직을 했고 박 카피는 그곳에서 계속 근무를 했습니다. 다시 몇 년 후, 박 카피도 다른 회사로 이직을 했다는 소식을 다른 동기로부터 전해들을 수 있었습니다.

그런데 최근 놀라운 소식을 접하게 되었습니다. 인터넷 검색을 하다가 우연히 박 카피 근황에 대한 기사를 보게 된 것입니다. 박 카피가 한 남자와 결혼을 했는데 글쎄 그 남자가 보통 남자가 아니었습니다. 세계적으로 유명한 무료 동영상 공유 사이트인 유튜브(YouTube)의 창업자 '스티븐 첸'이었습니다.

저도 듣고 싶은 노래나 찾고 싶은 영상이 있으면 하루에도 몇 번씩 들락거리는 그 사이트. 그 사이트의 창업자라니! 스티븐 첸이 일 때문에 한국에 방문했는데 당시 박 카피는 사업 관련 상품 마케팅 매니저로 일했다고 합니다. 스티븐 첸은 박 카피를 보고 첫눈에 반했고 1년여 동안의 구애 끝에 결국 둘은 결혼에 골인을 하게 된 것입니다.

좀 더 확인하고자 수차례 뉴스기사를 검색해봤는데 이름이며 광고 카피라이터 경력이며 공개된 사진까지도 틀림없었습니다.

"와, 박 카피가 저런 사람과 결혼을 하다니! 참으로 알 수 없는 게 인생이야."

이제는 감히 만날 수도 없는 세계적인 사업가의 사모님이 된 것입니다.

한 치 앞도 내다볼 수 없는 게 인생인가 봅니다. 우리들은 살아가면서 예상치 못한 일을 겪게 됩니다. 내일 무슨 일이 벌어질지 아무도 모릅니다. 더군다나 사람의 미래 혹은 운명은 더더욱 그런 것 같습니다. 두 사람의 인생이 저렇게 달라질 줄 그 누가 알았겠습니까. 그들이 저와 아무런 인연이 없었다면 별 대수롭지 않게 생각했을 테지만, 알고 지내던 사이였기에 그들의 지금 상황이 더욱 낯설고 어리둥절합니다.

알 수 없는 인생, 예측할 수 없는 사람의 미래. 참으로 많은 것을 생각하게 만듭니다. 특히 우리의 삶에 있어서 만남이 얼마나 소중한지 새삼 느끼게 됩니다. 불교에서는 낯선 사람과 옷깃만 스쳐도 그게 전생의 큰 인연이었다고 말하고 있습니다. 하물며 말을 섞고 눈빛을 교환하고 함께 일하고 생활하는 사람은 전생에 얼마나 가까운 사이였겠습니까.

그 누구와의 만남도 헛되고 하찮은 건 없습니다. 인생이 그 누구와의 만남도 헛되고 하찮은 건 없다.
인생이 어느 방향으로 흘러갈지 그 누구도 알 수 없듯,

오늘 만난 그 사람이 앞으로 어떤 삶을 살아가게 될지는 미지수.

어느 방향으로 흘러갈지 그 누구도 알 수 없듯 오늘 만난 그 사람이 앞으로 어떤 삶을 살아가게 될지 모르는 겁니다. 앞으로는 사람과의 만남에 더더욱 신경을 써야겠습니다. 만남은 곧 기적이며 미래라는 생각으로 한 사람 한 사람을 소중하게 대해야겠습니다.

혹시 압니까? 오늘 만났던 사람이 나중에 귀인이 되어 제 앞에 나타날지. 그리고 또 압니까? 저에게도 기적과도 같은 일이 일어날지. 물론 공짜는 없겠죠. 열심히 하루하루 살고 인연을 소중하게 생각하면 좋은 일이 일어나겠지요.

03

어른이 되면서 놓치고 있는 것들

너무나
익숙해서,
내
자신의
가치를
잊고
살았다

어 린 시 절
먹 었 던
샛 노 란
바 나 나 의
맛 처 럼

▲
▲

▲

도서관에서 주관하는 '가을에 만난 작가' 행사에 초청 작가로 초대된 적이 있었습니다. 서울에서 새벽 열차를 타고 남도의 끝까지 오느라 기운이 다 소진됐지만 그래도 학생들과 주부들의 열렬한 호응 덕분에 즐거운 마음으로 강연을 할 수 있었습니다. 강연을 마치고 서울로 복귀하기 위해 기차역으로 갔습니다. 그런데 갑자기 누군가가 저에게 말을 걸어왔습니다.

"선생님, 저…."

"누구…?"

낯선 얼굴이었습니다.

"저 아까 선생님 강연 들은 학생인데요. 뭐 좀 여쭤보려고 하는데 시간 되세요?"

"도서관에서 여기까지 따라온 거예요?"

학생은 머리를 긁적거리며 고개를 끄덕였습니다.

다행스럽게도 30분 정도 여유가 있었습니다. 학생은 저에게 자신의 고민거리를 털어놨고 그 해법을 구하고자 했습니다. 그 학생은 신체적인 콤플렉스 때문에 자존감이 크게 손상된 상태였습니다. 학생에게 무슨 얘기를 해줄까 잠시 고민하다가 이야기를 시작했습니다.

저는 학생에게 '너는 유일한 사람이고 그것만으로도 충분히 가치가 있어'라는 말을 전하기 위해 바나나 얘기서부터 군대 그리고 도자기 이야기까지 장황하게 말을 이어갔습니다. 그때 학생에게 얘기했던 내용을 다시 떠올려봅니다.

초등학교 다니던 시절, 큰 이모 댁에 간 적이 있습니다. 지금은 아파트가 흔하지만 그때만 해도 아파트 구경하기가 힘들었습니다. 예나 지금이나 아파트는 살기는 편안한데 좀 답답한 면이 있습니다. 아파트 입구에 도착하자마자 한숨부터 내쉬었던 것 같습니다. 성냥갑과 같은 정사각형의 건물 구조와 마당이 없는 곳. 어떻게 저런 곳에서 살 수 있을까 참으로 신기하기도 하고 안쓰럽기도 했습니다.

그런데 막상 안으로 들어가니 생각이 완전히 달라졌습니다. 아마도 평수가 적었다면 살기에 답답하다는 생각이 변하지 않았을 텐데 이모 댁의 평수는 꽤 넓었습니다. 좀 과장을 하자면 거실이 운동장만 했습니다.

"와, 넓다."

저도 모르게 입이 쩍 벌어졌습니다. 벌어진 입을 닫으려 했지만 차마 닫을 수가 없었습니다. 거실에 윤기가 좔좔 흐르는 검은색 피아노를 보는 순간 입이 더 크게 벌어졌습니다. 그뿐만 아니라 벽면에 걸린 근사한 그림 액자는 참으로 멋스러웠습니다. 액자 속 백마들이 금방이라도 튀어나와 흙먼지를 일으키며 다그닥 다그닥 달릴 것만 같았습니다.

이모 댁에 오기 전까지만 해도 사실 부자와 가난의 차이를 잘 몰랐습니다. 저희 집은 허름하고 코딱지만 한 작은 방 하나에서 여섯 식구가 살았지만 그다지 가난하다고 생각하지 않았습니다. 엄마가 차려주시는 밥이랑 가끔씩 끓여주는 수제비 그리고 아버지께서 사오는 국화빵만으로도 충분했기 때문입니다. 그런데 이모 댁에 오고 나니 그제야 우리 집이 참으로 빈궁하다는 걸 깨달았습니다.

이모 댁에서 가장 신기한 경험은 바로 바나나를 먹었다는 겁니다. 귀하디귀한 샛노란 바나나. 바나나를 직접 보고 만지고 이제는 먹기까지 하다니 정말로 행복했습니다. 껍질을 벗겨 그 속살을 한입 베어 물었습니다. 맛이 어찌나 환상적이든지 눈치 볼 것도 없이 한 다발을 다 먹었습니다. 그때만 해도 바나나며 피아노는 일상에서 흔히 볼 수 있는 것들이 아니었습니다. 바나나를 먹는다는 것, 피아노가 있다는 것, 그건 부의 상징이었습니다.

지금은 어떻습니까? 흔하디흔한 게 바나나고 피아노며 아파트입니다. 세월이 흐르는 동안 바나나의 맛이 변한 건 아닐 테고, 예나 지금이나 바나나의 맛은 똑같습니다. 그런데 희한하게 바나나가 전혀 당기지 않습니다. 피아노를 봐도 감흥이 없습니다. 아파트는 이제 몇 걸음만 걸어도 눈에 보이는 흔한 주거 공간이 되었습니다.

무슨 얘기냐 하면, 흔한 것이냐 아니면 쉽게 구할 없는 것이냐에 따라 그 가치가 큰 차이가 난다는 겁니다. 즉 희소성의 가치입니다.

군대에서 먹는 라면은 왜 그리 맛있을까요? 사회에서처럼 자기가 먹고 싶을 때 맘대로 끓여먹을 수 없다 보니, 어쩌다 한 번 먹는 라면에 환장을 하는 것입니다. 군인들이 휴가 나올 때 가장 많이 먹는 음식 메뉴가 짜장면입니다. 군대에선 맛보기 힘든 음식이라 짜장면에 대한 그리움은 대단히 큽니다. 똑같은 짜장면이라도 우리나라 최남단 마라도에서 먹는 짜장면의 맛은 정말로 기가 막힐 것입니다. 산 정상 부근에서 파는 음료수는 가격이 좀 비싸도 다들 한 병씩 사먹습니다. 그 가게가 아니고서는 음료수를 구할 수 없기에 비싼 돈을 지불하고 사게 됩니다.

그뿐만이 아니라 백화점에서 물건을 살 때도 '한정판매'가 고객들에게 호응이 더 좋고 TV홈쇼핑에서도 '마지막 찬스! 이제 곧 마감됩니다'라는 판매자의 멘트에 소비자의 구매 욕구가 상승합니다.

이처럼 제한된 것들, 소유하기 힘든 것들, 얼마 남지 않은 것들은 귀합니다. 귀한 만큼 가치도 높은 것이지요.

이런 이야기가 있습니다.

한 노인이 오래된 도자기 세 개를 갖고 골동품을 취급하는 가게에 들렀습니다. 그 도자기들은 모양이며 빛깔과 문양까지 똑같았습니다. 가게 주인은 도자기를 이리저리 살펴보더니 고개를 끄덕였습니다.

"어르신, 이 도자기를 제가 사겠습니다. 한 개당 100만 원씩 해서 300만 원에 드리겠습니다. 아주 후하게 쳐준 겁니다."

노인은 가격이 너무 적게 책정됐다고 생각했는지 고개를 내저었습니다.

"어르신, 저니까 이렇게 많이 드리는 겁니다. 싫으시면 관두세요."

노인은 제 가격을 쳐주지 않는 가게 주인이 서운하기도 하고 화도 났습니다.

노인은 갑자기 도자기 하나를 바닥에 내동댕이쳤습니다.

"제 가격을 받지 못할 바에야 다 깨버리겠습니다."

가게 주인은 깜짝 놀라며 노인을 말렸습니다.

"어르신, 알겠습니다. 이 두 개를 500만 원에 사겠습니다."

노인은 다시 도자기 한 개를 깨버렸습니다.

가게 주인은 발을 동동 구르며 안타까워했습니다.

제한된 것들, 소유하기 힘든 것들,
얼마 남지 않은 것들은 귀하다.

그래서 세상에 단 하나뿐인 내가 귀하다.

"어르신, 이러면 안 됩니다. 이게 얼마나 귀한 건데. 800만 원 드리겠습니다."

"이 나머지 한 개마저 깨버릴 겁니다. 말리지 마세요."

가게 주인은 방방 뛰며 손을 내저었습니다.

"이러시면 안 됩니다. 제발요. 이 도자기는 세상에 단 하나뿐인 아주 귀한 것입니다. 이렇게 귀한 걸 왜 깨려고 하십니까? 얼마를 원하십니까? 원하는 대로 제가 다 드릴게요."

결국 노인은 흡족할 만큼의 돈을 받을 수 있었습니다.

노인은 이미 희소성의 가치를 잘 알고 있었던 모양입니다. 그랬기 때문에 일부러 도자기를 깬 것입니다. 그래서 가게 주인과의 협상에서 유리한 고지를 차지한 거죠.

기차역까지 저를 찾아온 학생 역시 자기 자신이 나약하고 작은 존재라고 생각하며 한없이 괴로워하겠지만, 이 지구상에서 나는 유일한 존재입니다. 아무리 닮은 사람이 있다 해도, 흉내를 내는 사람이 있다 해도, 그 누가 뭐래도 나는 나 한 명뿐입니다. 이 가치는 희소성보다 훨씬 높은 가치를 가지고 있습니다. 바나나나 피아노나 도자기 등에 견줄 바가 아닙니다.

혹여 지금 이 순간 남보다 신체적으로 불리하다고, 경제적으로 뒤떨어진다고, 배운 게 뒤처진다고 자존감에 큰 상처를 입은 사람이 있다면 빨리 기울어지는 자존감을 세우십시오. 그 어떤 것을 다 갖춘다고 해도 자존감이 무너지면 다 무너지는 꼴이 됩니다. 모든 관계의 기본은 '나'로부터 시작됩니다. 내가 긍정적이고 진실하고 사랑해야 다른 이들과도 좋은 관계를 맺을 수 있습니다. 내 부족한 면이나 미숙한 부분도 분명 소중하고 아름다운 내 자신의 일부입니다. 그리고 스스로 포기하지 않고 비하하지 않는다면 그 누구도 당신을 얕잡아보거나 무시할 수 없습니다.

 우리는 이 세상에 살아있다는 것만으로도 위대한 존재임을 증명하고 있습니다. 어디서나, 언제든, 누구와 함께 하더라도 '내가 정말로 위대한 존재구나'라는 생각을 버리지 않는다면 분명 오늘보다 내일이 더 기대되는 삶을 살 수 있을 거라 확신합니다.

고 단 한
밥 벌 이 가
나 를
지 치 게
만 들 때

가끔씩 이런 일이 있습니다. 할 일이 분명 있는데, 지금 그 일을 해야 맞는데, 희한하게 다른 것에 정신이 팔려 엉뚱한 짓을 하고 있을 때가 있습니다.

 가령 원고 마감이 며칠 남지 않아 하루 종일 글을 써도 모자랄 판인데 글을 쓰겠다고 노트북 앞에 앉은 지 십분도 지나지 않아 자리에서 일어납니다. 그리고 생뚱맞게 고장 난 선풍기를 고쳐보겠다고 일일이 분해합니다.

'왜 고장 난 거지? 먼지가 쌓여서 그런가, 아니면 전선 접촉 불량인가?'

한참 선풍기와 씨름을 하다가 갑자기 이런 생각이 떠오릅니다.

'어? 지금 내가 선풍기 붙들고 뭐하고 있지?'

그제야 정신이 번쩍 듭니다.

'내가 미쳤지. 지금 이러고 있을 때가 아닌데….'

분해된 선풍기를 한쪽으로 밀어놓고 다시 노트북 앞에 앉습니다. 흐트러진 정신을 가다듬어 다시 글쓰기에 집중해봅니다.

간혹 자신이 해야 할 일, 자신의 목표를 망각하고 원래의 계획과는 달리 엉뚱한 방향으로 흘러갈 때가 있습니다. 흘러간다고 해서 그냥 그대로 내버려두면 안 됩니다. 빨리 수습하지 않으면 소중한 시간을 다 낭비하게 됩니다. 그러니 내가 해야 할 일과 목표를 망각하지 않기 위해서는 매순간 이렇게 묻고 답하며 점검해야 합니다.

"지금 내가 뭘 하고 있는 거지?"

그나마 해야 할 일과 목표가 있다는 건 다행입니다. 잠시 그 해야 할 일과 목표를 잊었다 해도 다시 정신을 차리면 그 동안 하지 못한 걸 충분히 만회할 수 있으니까요.

문제는 아예 처음부터 할 일과 목표가 없는 경우입니다. 해야 할 일이 있고 목표가 있어도 매일 지루한 일상이 반복되다 보면 의욕이 떨어지고 삶의 흥미를 잃게 되는데, 아예 처음부터 할 일과 목표가 없다면 삶은 나태와 게으름, 그 자체입니다. 목표가 없으니 성과도 없고, 성과가 없으니 동기부여도 없습니다. 목표가 없는 삶은 매사에 무기력하고 흔들리며 방황이 지속될 뿐입니다.

목표가 없는 삶이 얼마나 안타까운지를 잘 말해주는 이야기가 있습니다. 커쥘 편저의 『좋은 생각이 행복을 부른다』라는 책에 나오는 건데, 아프리카 양떼들이 무리지어 드넓은 평원을 횡단하는 이유에 대해 이렇게 말합니다.

"자네, 양들이 빨리 도망치지 못한다는 건 알고 있겠지? 떼 지어 몰려다니던 양이 갑자기 저렇게 멈춰서는 이유가 뭐라고 생각하나? 저 녀석들이 멈추는 이유는 지쳐서가 아니라네. 생각을 하기 위한 것은 더더욱 아니지. 그들은 다만 자신이 왜 뛰고 있는지 잊어버렸기 때문에 잠시 멈춘 것뿐일세. 물론 천적이 나타나면 본능적으로 뛰기 시작하지. 하지만 곧 자신이 왜 뛰기 시작했는지 잊어버리고는 갑자기 멈춰 서지. 심지어는 자신을 잡아먹으려는 사나운 맹수 앞에 멈춰 있는 양들도 볼 수 있을 걸세. 그들은 때로 천적을 자신의 동료로 착각하기도 한다네. 그러니 저렇게 무리지어 다니지 않는다면 일주일 후 저들은 지구상에서 멸종되고 말 것 아닌가?"

또 이런 이야기도 있습니다. 아프리카에 '스프링벅'이라는 산양이 있는데 그들은 무리지어 사는 습성이 있습니다. 이동할 때도 떼 지어 다닙니다. 그런데 이동 중에 비극적인 일이 발생합니다. 무리 중에 앞에 있던 산양이 뛰기 시작하면 뭔 일인가 하고 뒤편에 있던 산양들도 덩달아 뛰기 시작합니다. 그런데 문제는 이제부터입니다. 한 번 달리기 시작하면 산양들은 멈출 줄 모릅니다. 자기가 왜 달리는지 그 이유조차 모릅니다. 그러다 앞 놈이 절벽으로 떨어지면 뒤를 따르던 산양들도 그대로 아래로 떨어집니다.

양떼 이야기와 스프링벅의 이야기을 읽고 이렇게 말하는 사람이 있을 겁니다.

반복적인 일상과 밥벌이에 대한 지겨움.
모든 게 무기력해지는 그 순간,

결국 나를 움직일 수 있는 건 나 자신뿐.

"쯧쯧. 어리석기는…."

물론 그들은 어리석습니다. 그러나 과연 그들만 그럴까요? 우리의 삶이 양과 스프링벅의 삶보다 더 낫다고 그 누가 자신 있게 대답할 수 있을까요? 아무런 의미 없이 소중한 오늘을 그냥 흘려보내는 사람들이 우리 주위엔 여전히 많습니다.

고백하건대 저 역시 요즘 그렇습니다.
언제부턴가 꿈과 목표가 점점 힘을 잃어가고 있음을 느꼈습니다. 밥벌이에 대한 지겨움과 반복적인 일상에 저 역시 지친 게 사실입니다. 아침에 눈을 뜨는 것도 버겁고 맛있는 음식을 먹어도 감흥이 없습니다. 소파에 종일 누워만 있고 싶은 무기력증에 빠져서 하루라는 인생의 선물을 양심의 가책도 없이 방치합니다.

멍하니 하늘을 바라볼 때가 많습니다. 가끔은 내 존재 이유조차 찾지 못할 때도 종종 있습니다. 내가 존재함으로써 어떤 세상을 만들고 싶은지, 내가 바라고 원하는 삶은 어떤 모습인지 모를 때가 있습니다. 그렇지만 언젠가는 다시 회복을 하겠지요. 다시 또 힘을 내 달리겠지요. 그래야 인생이니까요.

오늘은 아무 일도 안하고 서재에 틀어박혀 내 안으로 나를 초대하렵니다. 그 초대에 응할지, 응하지 않을지는 잘 모르겠지만 막걸리 한 병이면 분명 응할 것입니다. 나를 제대로 안다면 해야 할 일과 목표도 다시금 선명해지지 않을까요. 잠시 엉뚱한 것에 정신이 팔려 길을 헤매도 곧 제자리로 돌아오겠지요. 지금 내가 왜 여기에 있는지, 무엇을 해야 하는지 스스로에게 수시로 물어본다면 말입니다.

카 피 인 생 이
아 닌
나 만 의 향,
몸 짓
그 리 고
생 각

저는 신인가수를 뽑는 TV 오디션 프로그램을 즐겨봅니다. 그 오디션에 나오는 사람들의 노래를 듣고 있노라면 그들의 가슴 속에 담긴 꿈과 열정까지 전해오는 듯하여 제 마음까지 뭉클해진 게 한두 번이 아닙니다. 어쩌면 이리도 노래를 잘하는 사람들이 많을까. 나에게도 저런 재주가 있었다면 얼마나 좋을까. 그들이 부럽기도 합니다.

그들이 오디션에 나오게 된 계기도 참으로 다양합니다. 친구의 권유로 나온 사람도 있고, 노래방을 경영하다가 노래가 좋아서 나온 사람도 있고, 문제아였지만 노래로 새 인생을 찾겠노라고 나온 사람도 있고, 돌아가신 아버지에게 떳떳한 모습을 보여주고 싶어 출연했다고 하는 사람도 있고, 신이 가수를 하라고 계시를 해서 나왔다는 사람도 있습니다. 재미난 사연도 있고 가끔은 눈물 없이는 들을 수 없는 찡한 사연도 있습니다.

간혹 노래를 듣다 보면 귀를 쫑긋 세우게 하는 출연자가 있습니다.

'어쩜 저렇게 똑같이 부르지?'

기존 가수랑 목소리며 표정, 심지어 손짓까지도 똑같은 사람. 일단 그 사람은 심사위원들의 시선을 확 잡아끕니다. 그래서 무난하게 예심을 통과합니다. 그런데 본선에 가면, 심사위원이 그 출연자에게 이렇게 말합니다.

"당신은 남을 흉내 내는 앵무새가 아닙니다. 자기만의 색으로 불러주세요."

남의 향과 몸짓과 생각을 흉내 내는 걸로 어느 정도 시선을 끌고 인정받을진 몰라도 나만의 향과 몸짓과 생각을 표현하지 않는다면 결코 우승을 못합니다. 그동안 우승한 자들을 살펴보면 그들은 그 누구와도 비교되지 않는 자기만의 색깔이 분명 있었음을 알 수 있습니다.

물론 처음부터 자기만의 색깔을 갖는다는 건 어려운 일입니다. 내 인생 앞에 펼쳐진 길이 막막하고 어두울 때 누군가를 방향의 이정표로 정하고 그를 따라하는 것은 여러모로 유익합니다. 방황의 시간을 단축할 수 있을 뿐만 아니라 닮고자 하는 동기부여가 확실하기에 더 많이 노력하게 됩니다.

그러나 자칫 모방의 늪에 깊이 빠지게 되면 어느새 개성은 물론 자아까지 잃고 맙니다. 결국 누군가의 복제품이 되는 거죠. 아무리 잘 된다고 한들 그 사람의 그림자가 될 뿐입니다.

그러기에 모방을 하되 아직 발견되지 않은 나만의 개성을 끊임없이 끄집어내는 작업이 필요합니다. 설령 자신의 개성을 발견하지 못하더라도 내 존재까지 부정할 필요는 없습니다. 이미 내 존재 자체가 유일하며 개성 넘치는 존재이기 때문입니다.

아시아의 스타를 넘어 세계적인 배우가 된 성룡의 성공 스토리를 보면 모방을 뛰어넘는 창조력이 얼마나 중요한지 알 수 있습니다.

1970년대 초반 33세 젊은 나이인 이소룡이 요절한 후, 많은 배우 지망생들이 이소룡의 빈자리를 채우기 위해 그의 액션 동작이며 표정 등을 흉내 내기 시작했습니다.
　그 무렵, 성룡도 액션 배우가 되겠다는 야무진 꿈이 있었습니다. 성룡은 이소룡 주연의 『용쟁호투』에 단역 배우로 참가하기도 했습니다.
　그러던 어느 날, 성룡에게 주인공 역할의 기회가 왔고 성룡은 이소룡과는 다른 자신만의 개성을 살릴 수 있는 점을 고민했습니다. 그래서 그는 액션에 코믹을 접목시키는 새로운 시도를 했습니다. 그렇게 해서 탄생한 영화가 바로 『취권』이었습니다. 그 영화를 계기로 스타의 반열에 올라설 수 있었습니다.
　그는 한 언론과의 인터뷰에서 이렇게 말한 적이 있습니다.
　"저는 제2의 이소룡이 되고 싶었던 적은 한 번도 없었습니다. 단지 제1의 성룡이 되고 싶었을 뿐입니다."
　최고가 되고자 한다면 자기만의 삶을 살아야 합니다. 프로 골프가 자기만의 스윙 폼을 만들기 위해 300만 번의 연습이 필요하듯 자기 삶의 진짜 주인공이 되기 위해선 자신의 생각과 몸짓에 스스로 믿음을 갖고 자신감 있게 나아가야 합니다.

예전에 너무나 맘에 드는 TV광고가 있었는데 이 광고 역시 자신의 삶, 자신의 꿈은 그 누구도 대신할 수 없고 오직 자신만이 해낼 수 있다는 메시지를 보여줍니다.

현대카드의 '멘토' 편 광고입니다. 검은 화면에 다음과 같은 자막이 뜨며 시작됩니다.

"우리가 멘토라 부르는 그들, 그들의 멘토는 누구였을까?"
이어 인물 사진과 함께 또 줄줄이 자막이 뜹니다.

"멍청한 자식, 진실이야말로 최고의 사진이야."
종군기자 로버트 카파에게
사진의 의미를 가르쳐준 멘토.
"내 만화는 흔해빠진 아류일 뿐이에요."
아톰의 원작자 데즈카 오사무가 좌절할 때마다
그를 일으켜 세워준 멘토.
"건축물은 생명을 가진 나무처럼 스스로 뻗어가야 해."
건축학교 열등생 가우디에게
끝없이 영감을 불어넣어준 멘토.
"맙소사! 여자니까 로맨스 소설이나 쓰라구?"

출판사들의 퇴짜에도 아가사 크리스티를
믿어준 단 하나의 멘토.

그리고 광고 후반부에는 다음과 같은 자막이 뜹니다.

우리가 멘토라 부르는 그들에게도 멘토는 있었다.
그들의 멘토는 바로 그들 자신.
누구의 인생도 카피하지 마라.
스스로 멘토가 되라.

막연하게, 맹목적으로 타인의 성공방식을 쫓아간다면 결국 자신의 삶이 아닌 타인의 삶을 사는 것과 다를 바 없습니다. 자신을 믿고 자신만의 방식을 찾는 것이 중요합니다.
저 역시 이제부터는 저에게 영향을 주었던 작가와 글로부터 벗어나도록 더 노력을 해야겠습니다. 그 누구의 인생도 카피하지 않고 내가 진짜 나를 만들어가는 삶, 그 삶을 살아봐야겠습니다. 지금 이 순간부터 말입니다.

잡 초 처 럼

세 상 을

향 해

고 개

내 밀 기

흔히 어려운 문제 앞에 직면하게 되면 다음과 같은 세 가지 생각이 듭니다.

    첫 번째, 두려움 없이 문제와 맞서 싸우겠다는 생각.

    두 번째, 문제와의 정면승부가 아닌 우회적으로 해결해보려는 생각.

    세 번째, 문제를 회피하거나 포기하겠다는 생각.

상황에 따라 다르고 사람에 따라 다르겠지만, 문제가 닥쳤을 때 핑계나 변명을 하며 회피하거나 물러선다면 그 무엇도 얻을 수 없다는 진리는 변함이 없을 겁니다. 주어진 문제나 환경과 맞설 때만이 성장과 발전이 보장됩니다.

강연을 할 때 늘 청중들에게 빼놓지 않고 보여주는 동영상 하나가 있습니다. 바로 세계적인 축구선수 '리오넬 메시'의 골 장면 모음입니다. 그 동영상을 보면 감탄사가 절로 나옵니다. 어찌나 발기술과 감각이 뛰어난지 다른 선수들은 그의 질주를 막지 못합니다. 그 경지까지 오르기 위해서 얼마나 많은 노력을 했을까요. 존경심에 고개가 절로 숙여집니다.

리오넬 메시의 성공이 더 큰 의미가 있는 건 정해진 운명이나 환경에 굴하지 않고 스스로의 노력으로 미래를 바꿨다는 데 있습니다. 리오넬 메시가 최고의 선수가 되기까지 과연 무슨 일이 있었던 걸까요? 그의 이야기를 들려드리겠습니다.

누군가 바르셀로나의 렉사흐 기술감독을 미심쩍은 눈으로 쳐다보았습니다.

"계속 그런 눈으로 쳐다볼 겁니까? 저 사기꾼 아닙니다.

제 말을 여전히 믿지 못하는 것 같은데 증표라고 하나 드릴까요? 그럼 믿겠습니까?"

렉사흐 기술감독은 테이블 위에 놓인 냅킨 한 장을 집었습니다. 그러더니 펜으로 뭔가를 적기 시작했습니다. 그 냅킨에는 다음과 같이 적혀 있었습니다.

리오넬 메시, 바르셀로나 구단 입단!
구단 내 일부 다른 의견도 있지만 메시를 영입하는 것에 대해 본인이 전부 책임을 지겠습니다.
- 2000년 12월 14일, FC 바로셀로나 렉사흐

이 냅킨 한 장이 FC 바르셀로나의 역사를, 세계 축구의 역사를 바꿔놓았습니다. 사실 그 어느 누구도 메시에게 이런 날이 올 거라고 상상도 못했습니다. 축구 신동이라는 소리를 어릴 때부터 듣긴 했지만 프로 구단에, 더군다나 세계적인 명문 구단에 입단할 거라곤 전혀 예상하지 못했습니다. 그에게 수많은 좌절의 순간이 있었기 때문입니다.

공장 노동자였지만 축구광이었던 아빠의 영향으로 메시는

아장아장 걸음마를 배우기 시작할 무렵부터 자연스럽게 축구공을 접했습니다.

"메시, 이쪽으로 차. 그래그래. 그렇지. 아주 잘했어. 너 누굴 닮아서 그렇게 잘하니?"

아빠는 메시가 나중에 유명한 축구선수가 되었으면 했습니다. 그러나 정작 중요한 건 본인의 의지입니다. 축구가 좋아서 스스로 하는 것과 강요에 의해 하는 것은 분명 다르기 때문입니다. 다행히 메시는 축구를 정말 좋아했습니다. 좋아하는 정도를 넘어 축구를 사랑했습니다.

"메시, 이제 그만하고 밥 먹어야지."

"메시, 이제 잘 시간이야."

"메시, 너도 이리 와서 TV보렴. 만화하는구나."

하지만 메시는 온종일 축구공을 달고 살았습니다.

5살이 되자, 메시는 지역에 있는 유소년클럽에서 본격적으로 축구를 시작했습니다.

"야, 땅콩. 공 이리 줘."

"싫어!"

"쪼그만 녀석이 말을 안 듣네. 너 거기 있어."

덩치가 꽤 큰 형이 메시에게 다가와 공을 빼앗으려 하자 메

잡초는 자신에게 주어진 환경에 대해 투덜거리지 않는다.
오히려 보란 듯이 세상을 향해 고개를 내민다.

시가 공을 이리저리 굴리며 형을 따돌렸습니다. 그러자 주위에 있던 다른 형들이 우르르 몰려와 메시의 공을 뺏으려 했습니다.

    메시는 요리조리 잘도 피해 다녔습니다. 공이 마치 자석처럼 발에 딱 달라붙어 있어 도저히 빼앗을 수가 없었습니다. 이제 겨우 5살 꼬마가 실력이 참으로 대단했습니다. 메시는 형들에게 키가 작다는 이유로 더 이상 놀림을 당하지 않았습니다.

    1995년 8살 메시는 다른 클럽으로 자리를 옮겼습니다. 여전히 메시는 또래 아이들보다 키와 몸집이 작았습니다. 그렇지만 새 클럽에서 주전 노릇을 톡톡히 해냈습니다. 실력만큼은 그 누구도 메시를 따라올 수가 없었습니다.

    매 경기 때마다 상대편의 골문을 흔들었습니다. 그때부터 그에게 별명 하나가 생겼습니다. 바로 '축구신동'이란 별명이었습니다. 메시의 활약을 보며 아빠는 흐뭇해했습니다. 이대로만 잘해준다면 프로 무대에 진출하기에 큰 문제는 없을 듯했습니다.

    그러나 인생은 순조롭게 흐르지 않았습니다. 메시가 11살이 되던 해, 절망적인 상황이 눈앞에 펼쳐졌습니다. 의사로부터 뜻밖의 검사 결과를 듣게 된 것입니다.

    "이 아이는 GHD입니다."

"의사 선생님, 그게 뭐죠?"

"성장호르몬결핍증입니다. 키를 크게 하는 호르몬이 부족합니다."

"그럼 어떻게 해야 하죠? 무슨 방법이 없습니까?"

"주기적으로 성장호르몬 주사를 맞아야 합니다. 물론 그렇다고 키가 커진다는 장담은 못합니다. 또 문제는 그 비용이 엄청나게 비싸다는 겁니다."

아빠는 한숨을 내쉬었습니다. 어떻게든 치료비를 마련해 주고 싶었지만 지금의 형편으로는 도저히 감당할 수가 없었습니다. 병원에 다녀온 뒤로 메시는 시무룩한 나날을 보냈습니다. 작은 키와 몸집으로 어떻게 덩치 큰 선수를 상대할까 앞이 캄캄했습니다.

다음 날, 메시는 다시 축구장으로 향했습니다. 아무 일도 없었던 것처럼 여느 때보다 더 열심히 훈련에 임했습니다.

"그래, 괜찮아. 마라도나도 작은 키지만 아르헨티나의 영웅이 되었잖아. 나도 그 선수처럼 될 거야."

메시는 최대한 낮은 자세로 볼과 밀착해서 드리블하는 훈련을 집중적으로 했습니다. 그 훈련은 제법 효과를 봤습니다. 키 큰 아이들은 메시의 공을 더더욱 뺏을 수가 없었습니다. 메시에게 작은 키는 단점이 아니었습니다. 오히려 그게 장점이 되었고 발전하는 계기를 마련해주었습니다.

불리한 신체조건이었지만 절망하지 않고 꿈을 향해 앞으로 달렸던 메시에게 결국 좋은 기회가 왔습니다. 그는 그 기회를 놓치지 않았고 프로 무대에서 뛸 수 있었습니다.

그는 이렇게 말합니다.

"환경은 우리를 지배할 수 없다. 우리의 의지와 꿈이 환경을 지배한다. 나의 의지는 나의 작은 키에 지지 않았다."

인생은 찰흙덩어리와 같습니다. 물컹물컹한 찰흙이 멋진 도자기로 탄생하느냐 아니면 그냥 보잘것없는 찰흙으로 계속 남느냐는 자신의 의지에 달려 있습니다. 의지라는 손으로 잘 주무르고 다듬고 세운다면 분명 멋진 작품이 완성될 것입니다. 때론 바꿀 수 없는 환경과 상황 앞에 좌절하기도 하겠지만 그렇다고 포기해선 안 됩니다. 환경과 상황을 바꿀 수 없다면 내가 바뀌면 되는 겁니다. 우린 그걸 충분히 해낼 만큼 대단한 존재이니까요.

이 미
특 별 한
오 늘 을
살 고
있 다

언제부턴가 평범한 건 무능하고 볼품없고 개성 없고 경쟁력이 없는 걸로 인식이 돼 버렸습니다. 그래서 그런지 몰라도 사람들은 특별한 능력과 독특한 개성을 갖길 원합니다. 그래야만 남들에게 인정받고 경쟁에서 살아남을 수 있을 거라 생각합니다. 물론 특별함을 갖춘다는 건 남보다 우위를 선점할 수 있는 무기일 뿐만 아니라 차별화 요소이기에 분명 이점이 있습니다.

하지만 특별하고 독특한 것만을 지나치게 쫓다 보면 자칫 자신의 원래 모습을 잃어버릴 수 있습니다. 또한 특별하다는 건 피곤한 일이기도 합니다. 주위의 과도한 관심과 악의적인 시샘을 받기도 합니다. 그러면 마음의 상처를 입게 되고 급기야 사람을 기피하게 됩니다.

며칠 전 TV 프로그램에서 특별한 삶을 산 한 남자의 이야기를 다뤘습니다. 남자는 특별한 자신의 능력으로 인해 인생의 무거운 짐을 짊어지게 되었고 결국은 특별함을 내려놓는 선택을 하게 됩니다. 이 이야기의 주인공은 바로 IQ 210 천재로 잘 알려진 김웅용 씨입니다.

1962년에 태어난 그는 어린 시절부터 남달랐습니다. 5살 때 영어, 독일어, 프랑스어, 일본어를 구사했고 천자문도 다 익혔습니다. 그 이전인 3살 때는 수학 부호를 적용해서 시까지 지었습니다. 4살 때 일본에서 8시간 동안의 지능검사를 받았는데 참으로 놀라운 결과가 나왔습니다. IQ 수치가 무려 210에 달했습니다. 이는 괴테(IQ 190), 아인슈타인(IQ 180)을 능가하는 수치였습니다. 그의 놀라운 행보는 계속 되었습니다. 6살 때는 일본 후지TV에 출연해 그 어렵다던 미적분 수학 문제를 막힘없이 풀어내 세계를 놀라게 했습니다. 8살 때인 1970년 미국으로 건

너가 콜로라도주립대 대학원에 다녔고 12살 때부터 미국항공우주국(NASA)의 선임 연구원으로 일했습니다.

그랬던 그가 1978년 돌연 한국으로 돌아왔습니다. 그리고 언론과의 인터뷰에서 지금까지의 생활이 그다지 행복하지 않았다고 고백합니다. 그는 특별한 삶이 아닌 평범한 삶을 원했습니다. 세상 사람들은 그의 선택을 이해하지 못했습니다. '실패한 천재'라고 조롱하는 이들도 있었습니다. 그 후로 40여 년이 흘렀습니다. 현재 그는 한 집안의 가장이 되어 평범한 직장생활을 하면서 살아가고 있습니다.

특별한 능력을 갖춘 그가 왜 평범한 길을 선택했던 걸까요? 그의 선택에는 분명 이유가 있었을 겁니다. 추측하건대 아마도 세상 사람들의 지나친 관심에 대한 부담감과 자기에게 바라는 기대치에 대한 압박감이 그의 가슴을 옥죄였던 모양입니다. 이런 삶을 살다가는 본연의 모습은 다 잃고 타인에게 보여주기 위한 삶을 살 것 같다는 생각에 과감히 특별한 삶을 포기한 듯합니다.

김웅용 씨의 삶을 보면서 평범함의 가치에 대해 생각해봅니다. 우리는 여태 특별히 내세울 것이 없다고 기도 펴지 못한 채 움츠리며 살아왔습니다. 그러나 특별하게 빛나지 않아도, 차별화된 장기가 있지 않아도 지금 가는 길이 옳고 지금 살아가고 있는 일상이 의미가 있다면 분명 가치 있는 삶일 것입니다.

평범함과 특별함의 차이는 크지 않습니다. 오늘을 어떻게 받아들이느냐에 달려 있습니다. 사실 오늘이란 시간을 매일매일 반복적이고 지루한 일상 혹은 별 의미 없는 어제의 다음날 정도로 생각할지 모르겠지만 전혀 그렇지 않습니다. 오늘은 어제와 분명 다릅니다. 어제의 볕과 바람은 오늘과 다릅니다. 어제의 세상과 오늘의 세상은 다릅니다. 어제의 사람과 오늘의 사람은 다릅니다. 어제의 감정과 오늘의 감정은 다릅니다.

다시 말해서 오늘은 두 번 다시는 경험할 수 없는 생애 유일한 날이며 특별한 날입니다. 당신 또한 매일매일 새롭게 시작하는 오늘과 같습니다. 이 세상에서 당신과 같은 사람은 없습니다. 당신은 유일하고 특별한 존재입니다. 당신 스스로 평범하다고 생각할지 모르지만 이미 당신은 특별한 존재의 모습으로 특별한 오늘을 살고 있는 것입니다.

특별함의 프레임에 사로잡혀 괜히 자기에게 맞지 않는 옷을 억지로 입는 과오는 범하지 말아야 합니다. 특별함 역시 익숙해지면 평범함이 되는 것이고 평범함 역시 노력을 더하면 특별함이 되는 것입니다. 평범힘에 대해 스스로 평가절하하지 말

평범함과 특별함의 차이는 별다르지 않다.
그저 오늘을 어떻게 받아들이느냐에 달려 있다.
오늘이 나에게 생애 유일한 날이라면,
그것이 바로 특별함이다.

고 지지치 않고 자신의 길을 간다면 그게 곧 특별한 삶이 되는 것입니다.

평범함을 고집했는데 오히려 특별한 존재가 된 화가가 있어 소개합니다. 프랑스 근대 회화에서 리얼리즘의 창시자라 불리는 귀스타브 쿠르베입니다. 그 당시만 해도 대개 화가들은 성경에 나오는 인물, 신화 이야기 혹은 역사적인 사건을 화폭에 담았습니다. 그런데 쿠르베는 기존 화가들과 달랐습니다. 오직 사실에 입각한 그림만을 그렸습니다. 과장도 없고 모자람도 없이 눈에 보이는 그대로를 묘사하는 것이 진실이라고 믿었습니다.

한번은 누군가가 천사를 그려달라고 그에게 부탁을 했는데 그는 고개를 내저으며 거절했습니다.

"천사를 본 적이 없는데 제가 어떻게 천사를 그릴 수 있겠습니까? 천사를 데려오시면 그때 그리겠습니다."

보이는 그대로만 그린 그림이라 그의 그림은 그다지 재미도 없고 너무나 평범했습니다. 그렇지만 그 평범함이 오히려 새로운 시도였으며 특별한 그림으로 사람들에게 인식되었습니다. 평범함이 특별함으로 바뀌는 순간이었습니다.

04

어른이 되면서 놓치고 있는 것들

너무나
익숙해서,
어떻게
살고
싶은지를
잊고
살았다

조 금 은
헐 렁 하 게,
조 금 은
느 슨 하 게

한비자(韓非子)의 『외저설우(外儲說右)』에 이런 이야기가 나옵니다.
    어느 마을에 술집이 하나 있었는데 그 술집은 장사가 잘 될 조건을 다 갖추고 있었습니다. 술맛도 좋고 안주도 푸짐하고 맛이 훌륭했습니다. 그리고 주인은 손님에게 무척 친절했습니다. 그런데 이상하게도 이 술집은 장사가 잘 되지 않았습니다. 주인은 고민이 이만저만이 아니었습니다. 이대로 있다가는 몇 달도 못 버티고 가게 문을 닫아야 할 판이었습니다. 주인은 도대체 무엇이 문제인가 찾기 위해 학식이 높은 마을 어르신을 찾아갔습니다.

"어르신, 저희 술집은 왜 장사가 안 될까요? 술맛도 안주도 친절도 다 갖췄는데 도대체 왜 그럴까요?"

어르신은 긴 턱수염을 만지며 말했습니다.

"자네 술집 입구에 사나운 개가 있지 않은가? 그게 바로 문제야."

"개가요? 장사가 안 되는 거하고 개가 무슨 상관입니까?"

"당연히 상관이 있지. 생각해보게. 사나운 개가 으르렁거리는데 누가 술집 안으로 들어가겠나? 아무리 술맛이 좋고 안주도 좋고 친절해도 그 개만 보면 술맛이 사라질 걸세. 안 그런가?"

주인은 그제야 왜 손님이 없는지 깨달았습니다.

저는 이 이야기를 읽고 한 사람이 떠올랐습니다. 예전에 다니던 직장 동료인 이 실장입니다. 그는 30대 중반의 광고 디자이너였는데 일도 깔끔하고 아이디어도 괜찮은 편이었습니다. 더군다나 프레젠테이션 능력이 뛰어났습니다. 일에 있어서는 뭐 하나 빠지는 게 없는 능력자였습니다.

그런데 문제는 성격입니다. 신경질적이고 까칠한 게 장난이 아니었습니다. 자기 맘에 들지 않으면 미간을 잔뜩 찌푸리며 짜증을 내기 일쑤였고 말 한마디 한마디에 찬바람이 쌩쌩 불어 냉기가 돌 정도였습니다. 아랫사람이 무슨 실수라도 할라치면 잡아먹을 듯이 비난과 핀잔을 퍼부었습니다. 물론 실수를 하거나 부족한 면이 있으면 윗사람에게 지도편달을 받는 게 당연한 일이지만 그것도 정도껏 해야지 제가 보기에도 좀 심하다 싶었습니다.

저는 카피를 쓰는 사람이라 그와 작업을 할 때가 종종 있었습니다. 그때마다 왠지 마음이 편치 않았습니다. 결과물은 잘 나왔지만 일 외에는 특별한 교감이나 재미가 없었습니다. 여하튼 그는 회사에 꼭 필요한 존재이긴 했지만 직장 동료 사이에서는 인기가 없었습니다. 그러다 보니 점심시간에 사무실에 홀로 남게 되는 경우도 자주 발생했습니다. 이유인즉슨 점심시간 전에 맘에 맞는 동료끼리 미리 전화나 문자로 약속을 잡기도 하는데 그는 함께 점심을 먹자고 사전에 긴밀히 내통을 주는 이가 없었습니다. 그래서 홀로 남게 된 것입니다.

이 실장을 보면서 그의 능력이 부럽기도 했지만 한편으로는 안타깝다는 생각도 들었습니다. 그가 마음의 외곽에 냉정과 쿨하게 일하는 거라고 믿고 싶지만, 어쩌면 완벽함의 함정에 빠져 있는 건지도 모른다.
완벽할수록 차가워지기 쉽다. 결국 남는 건 외로움뿐.

까칠함이라는 '사나운 개'를 키우지 않았다면 좋았을 것입니다. 조금은 헐렁하고 부드럽고 따뜻하게 사람들을 대했다면 그의 삶은 더 풍요로워지고 가치는 더 빛나며 무엇보다도 덜 외로웠을 겁니다.

일할 때 냉정함과 까칠함 혹은 완벽의 추구를 적용하는 건 좋지만 사람과 사람 사이에는 따뜻한 정과 부드러운 소통의 강이 흘러야 합니다.

유재석이 왜 '국민MC'의 반열에 올랐겠습니까? 그가 카리스마가 있는 것도 아니고 학벌이 뛰어난 것도 아니고 얼굴이 잘생긴 건 더더욱 아닙니다. 그럼에도 모든 이들에게 사랑 받고 꾸준한 인기를 이어갈 수 있었던 건 바로 그에게 따뜻한 부드러움이 있었기 때문입니다.

그는 자기가 진행하는 프로그램에 나온 게스트들에게 늘 다정하게 대합니다. 이따금씩 치켜 세워주기도 하고 칭찬도 해주고 호응도 해줍니다. 그러니 게스트들이 마음 편히 방송에 임할 수 있습니다. 당연히 프로그램이 살고 시청자들 역시 그 프로그램을 보면서 마음이 편해지고 즐거워집니다.

아무리 능력이 뛰어나고 재능이 다양해도 사나운 개 때문에 그러한 것들을 제대로 발휘하지 못하는 사람이 있는가 하면 보통의 능력과 재능이지만 다정한 개 때문에 마음의 문을 열게 하여 자신의 매력 속으로 서서히 빠져들게 하는 사람도 있습니다.

    당신은 어떤 스타일의 사람입니까?

어 린
아 이 처 럼
의 심
없 이
살 아 가 기

20대 후반, 운전면허증을 취득했습니다. 운전면허증이 내 손에 쥐어지는 순간 얼마나 기뻤던지 주먹을 하늘에 치켜세우며 큰 소리로 쾌재를 불렀습니다. 이 기쁨은 한동안 계속 되었습니다. 해냈다는 성취감으로 마음은 늘 들떠있었고 만나는 사람마다 운전면허증을 보이며 자랑하기 바빴습니다. 지갑 속에 운전면 허증이 있다는 것이 참으로 든든했고 진짜 어른이 된 듯했습니다. 뭐 하나 제대로 할 줄 몰랐던 그 시절, 운전면허증은 축 처진 내 어깨를 지탱해주고 하면 된다는 가능성을 보여준 고마운 존재였습니다.

이렇게 생각하는 사람도 있을 것입니다.
'남들 다 따는 운전면허증, 그 흔한 운전면허증 가지고 왜 이리 호들갑일까.'
맞는 말씀입니다. 성인이 되면 사람들은 운전면허증 따기를 시도합니다. 그리고 대부분 사람들이 운전면허증을 그리 어렵지 않게 취득합니다. 물론 몇 번의 실패를 겪게 되는 사람들도 있지만 포기하지 않으면 언젠가는 따는 게 운전면허증입니다.
그러나 제 운전면허증은 좀 다릅니다. 1종이나 2종 면허증이 아닌, '대형운전면허증'입니다. 즉 시내버스나 고속버스 혹은 관광버스와 같은 대형차를 운전할 수 있는 자격이 주어진 운전면허증입니다. 대형운전면허증 얘기를 꺼낸 이유는 자랑할 맘도 조금은 있지만 그보다는 대형운전면허증을 따는 과정에서 느낀 작은 깨달음을 전하기 위함입니다.

저는 대형운전면허증을 따기 위해 학원에 등록했습니다.

참고로 대형운전면허증은 아무나 응시하는 게 아니라 1,2종 면허증을 소지한 날부터 1년 이상이 되어야 응시자격이 주어집니다. 예전에 1종 면허를 따놓은 상태였고 그 후로 5년 정도가 지났지만 운전 경험은 단 한 번도 없었습니다. 일명 '장롱면허'였습니다. 감히 대형운전면허증을 딸 수 있을까 노심초사했습니다.

강사는 자기만 믿고 따라오면 된다고 했습니다. 열흘 내내, 운전대를 잡고 강사가 알려준 공식대로 핸들을 꺾고 풀고 액셀러레이터와 브레이크를 밟았다 뗐다 반복했습니다.

드디어 시험 날이 밝았습니다.
운전대를 잡은 손이 바르르 떨렸고 입술에 침이 바짝 말랐습니다.
"그래, 공식대로만 하면 된다고 했어."
강사에게 배운 공식대로 차분히 진행했습니다. 차바퀴가 이탈선을 밟을 뻔한 아찔한 상황이 몇 번 있었지만 다행히도 S자, T자 코스를 무사히 통과할 수 있었습니다. 그리고 다른 단계도 무난히 통과를 해 마침내 합격의 영광을 안았습니다.

"이런 기적이 나에게…."

더욱 기쁘고 놀라운 건 이날 같은 학원생 20여 명이 저랑 함께 시험을 봤는데 유일하게 저만 합격을 했다는 사실입니다. 다른 학원생들은 다들 운전 경력이 적게는 2년에서 많게는 10년 이상이 된 베테랑 운전사였습니다. 그런데 그들을 물리치고 운전 경력도 없는 제가 해낸 것입니다.

어떻게 그런 일이 가능했던 걸까요? 바로 '의심과 믿음'의 차이였습니다. 그들은 강사가 가르쳐준 공식을 처음부터 의심하기 시작했습니다.

"운전밥 10년인데 공식이 뭔 필요 있어. 감으로 하는 거지."

다들 자신의 운전 실력을 찰떡 같이 믿었습니다. 그런데 시험은 생각과 다릅니다. 1종 대형면허는, 제아무리 오래 운전을 했어도 코스 시험 자체가 매우 어렵습니다. 차는 크고 S자, T자 공간은 좁기 때문에 공식을 모르면 합격을 하기가 힘듭니다.

'많이 아는 사람일수록 적게 믿는다'라는 격언처럼 의심과 자만으로 화를 불러들인 것입니다. 오히려 저는 백지상태라 의심 없이 공식을 따라 했기 때문에 쉽게 합격할 수 있었던 겁니다.

어린이들에 비해 어른들은 의심이 많습니다. 물론 어린이들에 비해 분별력이 뛰어나고 다각도로 생각할 수 있으며 배운 것도 많기 때문에 의심 품는 게 능력일 수도 있습니다. 또한 추리나 호기심과 병행한 의심이라면 잘못된 부분을 발견하고 진리에 도달할 수 있는 긍정적인 측면도 있습니다. 그러나 그런 것들을 제외한 의심은 살아가는 데 큰 도움이 되지 않습니다.

이런 이야기가 있습니다.

진나라의 약광이라는 관리가 있었습니다. 약광은 친구에게 대접하는 걸 좋아했습니다. 그런데 친한 친구 한 명이 어느 날부터 발길이 뜸해졌습니다.

"도대체 이 친구가 왜 이러지? 나한테 뭐 서운한 게 있었나?"

약광은 친구네 집에 들러 왜 얼굴을 통 볼 수 없느냐고 물었습니다. 그러자 친구가 말했습니다.

"사실은 지난번에 자네 집에서 술을 마셨을 때 내 술잔에 뱀이 들어 있었지 뭔가. 자네에게 말을 할까 하다가 그냥 마시긴 했지만 그날부로 내 몸에 이상이 생겨 지금 고생하고 있는 중이네."

친구는 의심의 눈초리로 약광을 바라보았습니다.

집으로 돌아온 약광은 술을 마시던 방을 살펴보았습니다.

"아, 이거 때문이었군."

술잔에 뱀이 있었던 게 아니라 벽에 걸린 활의 뱀 문양이 술잔에 비친 거였습니다. 이 사실을 친구에게 알렸습니다. 그 얘기를 들은 친구는 희한하게도 병이 말끔히 나았습니다. 괜한 의심이 못된 상상으로 이어져서 멀쩡한 몸까지 망치게 한 것입니다.

의심은 번식력이 강합니다. 마음 이곳저곳을 헤집고 다니며 깊게 뿌리를 내립니다. 한 번 생겨난 의심은 좀체 사라지지 않습니다. 의심을 품는 순간 긴장하게 되고 불안하며 때론 불만이 많아져 분노가 폭발하기도 합니다. 의심의 눈초리로 상대를 대하면 상대는 부담스러워하고 기분도 언짢아집니다. 그 관계는 원만하게 유지될 수 없습니다. 결국 상대뿐만 아니라 자신조차도 마음이 딱딱해지고 어두워져 상처를 입게 됩니다.

불확실한 시대에 믿음마저 없다면 어찌 살아갈 수 있겠습니까? 인생은 믿는 자의 몫인지도 모르겠습니다. 나 자신을 믿으면 자신감이 생기고 남을 믿으면 신뢰와 정이 쌓여갑니다. 나를 믿든 남을 믿든 한 번 믿기로 결정했다면 재지 말고 꺼림칙해하지 말고 모든 걸 맡겨야 합니다. 의심을 내려놓은 그곳에

확신을 채운다면 보다 깊은 마음의 평화를 얻게 되고 그 일에도 집중할 수 있을 겁니다.

소 심 함 과
섬 세 함
사 이 에 서

어느 멋진 저녁, 말단 공무원인 이반은 모처럼 오페라를 관람하기 위해 극장에 갔습니다. 처음에는 즐거운 마음으로 오페라를 관람했습니다. 그런데 오페라가 절정에 다다를 즈음, 이반은 코가 간지러웠습니다. 정신이 아득해지고 숨이 멎는 듯했습니다. 이내 몸을 구부린 채 크나큰 폭발음이 터져 나왔습니다.

"어,어,어. 에이치!"

재채기를 한 것입니다. 다른 사람들에게 미안했지만 그래도 재채기는 누구나 다 하는 거라 생각하며 스스로 떳떳함을 잃지 않았습니다. 그런데 문제가 생겼습니다. 앞에 앉은 노인이 자신의 대머리와 목을 장갑으로 열심히 닦는 것이었습니다. 그 노인은 바로 통신부 장관이었습니다.

'세상에 이럴 수가! 정말 큰일이네.'

이반은 안절부절 못했습니다. 사과를 해야 할 것 같아서 고개를 숙인 채 작게 말했습니다.

"장관님, 죄송합니다. 제가 큰 실수를 했습니다."

"아, 괜찮습니다."

"제발 용서해주십시오. 저는 정말이지…."

"괜찮다니까요. 조용히 관람이나 하세요."

이반은 다시 오페라를 관람했습니다. 그러나 더 이상 오페라가 눈에 들어오지 않았습니다.

"장관님, 정말로 죄송합니다. 제가 그러려고 그런 게…."

"허, 정말. 이미 다 끝난 일입니다. 그만하세요."

이반은 여전히 맘이 불편했습니다.

집에 돌아온 이반은 아내에게 오페라 극장에서 있었던 일을 말했고 아내는 괜찮을 거라고 이반을 안심시켰습니다.

"정 마음이 편치 않으면 내일 찾아가서 사과하세요."

다음 날, 이반은 장관을 접견하러 장관실에 찾아갔습니다.

"안녕하세요. 장관님, 저 기억하시죠? 어제 재채기…."

"어, 그래. 그런데 무슨 일인가?"

"제가 재채기를 했습니다만, 제 의지와 상관없이 침이 나갔습니다. 죄송…."

"아직도 그 얘긴가? 지금 내가 바쁘니 어서 나가게."

이반은 힘없이 장관실을 나왔습니다. 그렇지만 여전히 맘이 편치 않았습니다. 장관이 하루의 일과를 마치고 장관실에서 나오자 이반은 황급히 장관을 쫓아갔습니다.

"장관님, 정말로 용서해주십시오. 죽을죄를 졌습니다."

"당신, 지금 날 놀리는 거요! 도대체 뭡니까?"

"감히 제가 장관님을 놀리겠습니까? 저는 단지 사과를 하러 온 겁니다."

장관은 한숨을 내쉬며 어디론가 바삐 사라졌습니다.

그날 밤, 이반은 한숨도 자지 못했습니다.

그 다음 날, 이반은 또 장관을 찾아갔습니다.

"저는 장관님을 놀리려는 것이 아닙니다. 단지 침이 튄 것에 대해서…."

내가 한 말에 남이 상처받지는 않을까 하는 생각에 정작 할 말을 하지 못하면
결국 남는 건 후회와 자책뿐이다. 소심함은 나를 작게 만든다.

"당장 나가!"

장관은 인상을 쓰며 소리쳤습니다.

"아니, 장관님. 왜 그러십니까?"

장관은 발을 구르며 더 큰 소리로 소리쳤습니다.

"당장 꺼져! 내 눈앞에서 사라져!"

이반은 고개를 푹 숙인 채 장관실을 빠져나왔습니다.

집에 도착한 이반은 소파에 누운 채 계속해서 한숨만 내쉬었습니다. 그리고 이반은 안타깝게도 소파에서 일어나지 못했습니다. 그대로 죽고 만 것입니다.

이 이야기는 제가 대학 4학년 시절, 연극반 활동 때 연출 작업을 했던 닐 사이먼의 『굿 닥터』라는 작품을 재구성한 것입니다. 『굿 닥터』는 6개의 에피소드로 구성되어 있는데 각각의 에피소드마다 위트와 풍자가 넘쳐납니다. 그렇다고 마냥 웃기는 건 아니고 그 웃음 곳곳에 연민과 슬픔의 감정인 페이소스(Pathos)가 녹아있습니다.

에피소드들 가운데 가장 기억에 남는 수작(秀作)이라 생각되는 게 바로 소개해드린 「재채기」란 에피소드입니다. 이 에피소드는 웃기는 상황을 통해 사회구조적인 문제를 제기하려는 작가의 숨은 의도를 알 수 있습니다. 윗사람에게 잘 보여야 하는 약자의 몸부림을 엉뚱한 죽음으로 표현한 거죠. 그렇다 하더라도 이반의 죽음을 그저 사회구조적인 문제로만 볼 순 없습니다. 그를 죽음으로 몰고 간 가장 큰 1차적인 문제는 이반 자신에게 있었습니다. 바로 '소심한 성격'이 문제죠.

이반의 소심한 성격을 보면서 어쩌면 저리도 답답할까 생각이 들긴 했지만 한편으로는 그의 마음과 행동이 이해가 되기도 했습니다. 동병상련이랄까, 저 역시 소심한 성격이기 때문입니다.

한때 혈액형별 성격 유형이 유행처럼 번진 적이 있습니다. 저도 관심이 있어 인터넷에 올라온 걸 살펴본 적이 있습니다. 물론 혈액형과 성격의 상관관계에 대한 과학적인 근거는 없습니다. 한마디로 재미 삼아 보는 것이지 신뢰할 순 없다는 얘기입니다. 그럼에도 사람들은 자신의 행동에 대한 결과치를 혈액형에 대입해보는 경향이 있습니다. 저 역시 그렇습니다. 스스로 대범하지 못하고 소심하게 굴 때면 혈액형 때문이 아닌가 하고 고개를 갸웃거리기도 합니다.

예전에 이런 적이 있었습니다. 대학교 때 한 술집에 선후배들이 모였습니다. 술을 주거니 받거니 하며 분위기가 무르익어갔습니다. 그런데 술은 많이 남았는데 밑반찬이 금세 바닥을 보였습니다. 한 선배가 저에게 말했습니다.

"밑반찬 더 달라고 해라."

저는 자리에서 일어났습니다.

"야, 뭐 하러 가. 여기서 큰소리로 말하면 되잖아."

저는 입이 떨어지지 않았습니다. 밑반찬 좀 더 주세요, 그 말이 나오지 않았습니다. 그만큼 소심하고 내성적이었습니다.

선배가 제 옆구리를 찌르자 그제야 주방 쪽을 향해 말했습니다.

"아줌마, 밑반찬 좀 더 주세요."

가까스로 입을 열었는데 시끄러운 술집 분위기 때문에 제 목소리가 묻히고 말았습니다. 다시 한 번 말했는데 이번 역시 주방 쪽까지 닿지 않았습니다. 저는 어쩔 수 없이 자리에서 일어나 주방 쪽으로 걸어갔습니다.

그런데 그때 제 등 뒤에서 밑반찬을 더 달라는 소리가 크게 들렸습니다. 주방에서는 알아들었는지 대답을 했습니다. 그 큰소리는 여자 후배의 목소리였습니다. 저는 민망한 표정을 지으며 다시 자리로 돌아왔습니다.

그때 선배가 한심하다는 듯 저를 바라보며 이렇게 말했습니다.

"야, 발성연습해서 뭐하나? 이럴 때 써먹어야지. 연극 한다는 놈이 목소리 좀 키워라."

그날 밤, 저는 잠을 이룰 수 없었습니다. 그 선배가 미웠고 여자 후배도 미웠습니다. 무엇보다도 소심하기 짝이 없는 제 자신이 한없이 미웠습니다.

그 일로 인해 저는 작아졌습니다. 선배들과 후배들이 저를 한심하게 쳐다보는 것만 같아 더더욱 주눅이 들었습니다. 그래서 한동안 연극반 동아리에 발길을 끊은 적이 있었습니다.

지금 생각해보면 왜 그랬는지 한숨이 나오지만 사실 그때나 지금이나 크게 달라진 건 없습니다. 나이를 꽤나 먹었음에도 소심하고 내성적인 건 여전합니다.

여러분들 중에도 소심하고 내성적인 성격으로 고민을 하는 이가 있을 겁니다. 소심함을 상대에 대한 조심스러움 혹은 섬세함으로 착각하는 이도 있을 겁니다.

그런데 제 경험으로는 소심해서 좋은 게 없었습니다. 내가 한 말에 남이 상처받지는 않을까 하는 생각에 정작 할 말을 하지 못하면 결국 남는 건 후회와 자책뿐입니다. 소심함은 행복과 건강의 적이고 더더욱 자신을 초라하고 작게 만듭니다. 이제는 조금 더 담대하게 그리고 자신감 있게 행동해야 합니다.

공자님께서 이렇게 말씀하셨습니다.

"君子坦蕩蕩(군자탄탕탕)하고 小人長戚戚(소인장척척)이니라."

군자는 마음이 탁 트여 여유롭고 평탄하며, 소인은 마음이 꽉 막혀서 항상 근심하고 걱정한다는 내용입니다.

저 역시 이제부터는 피해망상 대신 제 자신에 대한 믿음을 채워야겠습니다. 언제 이 소심함을 완전하게 버릴 수 있을지는 모르겠으나 공자님의 말씀을 되새기며 마음에 탁 트인 여유와 평탄함을 유지할 수 있도록 한 번 애써봐야겠습니다.

△
조 바 심 을
강 물 에
던 져
버 리 는 ▲
일
▲

 눈앞이 빙빙 도는 어지럼증이 계속 됐습니다. 며칠 지나면 괜찮겠지 했지만 날이 갈수록 더 심해졌습니다. 마치 술을 마신 것처럼 걸을 때마다 아스팔트가 덤비는 것 같았습니다.
 빈혈인가? 남자가 임신도 아니고 빈혈은 아닐 테고. 그렇다고 오뉴월에 감기몸살도 아니고. 여하튼 세상이 빙빙 도는 게 환장할 지경이었습니다. 진통제로 간단히 해결을 보겠노라고 진통제 몇 알을 먹었지만 아무런 소용이 없었습니다.

왜 이렇게 빙빙 돌까? 인터넷 검색을 해보니 친절하게도 누군가가 글을 남겨놓았습니다. 어지러움 증상의 대부분은 귀에 문제가 있어 생긴다고.

바로 이비인후과에 갔습니다. 아니나 다를까 전정기관에 이상이 있다는 진단을 받았습니다. 참고로 전정기관은 귀의 안쪽에 위치해 있으며 몸의 균형을 담당하는 평행기관입니다. 혹여 빙빙 도는 어지러움에 시달리고 있다면 일단 한 번 이비인후과에 가셔서 귀를 점검해보시는 것도 좋을 듯합니다.

여하튼 재활운동을 해야 한다는 의사 선생님의 처방을 받았습니다. 하루 30분 정도 시야가 꽉 트인 곳에서 먼 곳을 응시하며 걸어라! 전정기관 저하로 인해 깨진 균형감각을 눈과 다리로 보완해야 한다는 것이었습니다.

다음 날, 시야가 트인 공원으로 갔습니다. 그리고 저 멀리 보이는 아파트를 보며 걷기 시작했습니다. 30분 정도만 하라고 했는데 그 날 오후 내내 걷기를 했습니다. 다음날도 마찬가지였습니다. 오후 내내 먼 곳을 응시하며 걸었습니다. 낮 최고 온도가 30도를 훌쩍 넘었는데도 쉬지 않고 땀을 뻘뻘 흘리며 걸었습니다. 거의 쓰러지기 직전까지 갔습니다. 그래도 빨리 나아야 한다는 일념으로 견디며 걷고 또 걸었습니다. 멈추고 싶었지만 멈출 수 없었습니다. 빨리 이 어지러움을 끝내야 했습니다. 어지러움 때문에 일도 못하니 손해가 이만저만이 아니었습니다.

'그래, 걷자. 질질 끌면 안 돼. 빨리 끝장을 보자.'

그런데 결과는 엉뚱한 방향으로 흘러갔습니다. 어지러움 증상을 치료하고자 시작한 재활운동이었는데 오히려 역효과가 났습니다. 너무나 무리한 탓에 일사병까지 걸린 것입니다. 타들어갈 듯 장렬하게 내려쬐는 뙤약볕을 피하지도 않고 그렇게 무식하게 다 맞았으니 당연한 결과이지요. 결국 혹을 떼려다 혹 하나를 더 붙인 격이 되었습니다. 원래 어지럽기만 했는데 이제는 머리까지 지끈지끈 아팠습니다. 거기다 뒷목에 햇볕알레르기까지 생겼습니다.

그 후로 한 반 년을 죽을 만큼 고생을 했습니다. 지금은 괜찮아졌지만 언제 또 재발을 할지 모릅니다. 지금도 그때를 생각하면 오금이 저릴 만큼 끔찍합니다.

돌이켜 생각해보면 그때 조바심 때문에 더더욱 병을 키웠던 것 같습니다. 하루 빨리 회복해서 밥벌이를 해야 한다는 생각에 순리를 거역하고 너무나 앞서 나갔던 것이죠.

늘 조바심이 문제입니다. 마음의 여유를 갖고 좀 차분하게 순리대로 진행한다면 실수도 덜 하고 일도 깔끔하게 마무리를 할 수 있을 텐데 빨리 성과를 내려는 그 조바심. 조바심이 한 번 찾아오면 괜히 마음만 바쁘고 일이 손에 잘 잡히지 않습니다. 마음이 심란하고 쫓기듯 하는데 어찌 일에 집중할 수 있겠습니까?

사실 우리는 잘 압니다. 씨앗을 뿌린다고 곧바로 수확물을 얻을 수 없다는 것을. 물을 주고 거름을 주고 햇볕을 받고 비와 바람을 견디며 수개월을 지내야 비로소 결실을 맺는다는 것을. 그렇게 잘 알면서도 왜 조바심을 내는 걸까요? 왜 과정 없이 결과를 바라는 걸까요? 아무래도 치열한 경쟁사회 속에서 살아남기 위해서 그런 것 같습니다. 남들에게 뒤처지지 않기 위해서, 남보다 더 많은 성과를 내 인정을 받기 위해서 속도에 연연하는 것입니다.

그러나 잊지 말아야 할 건 조바심을 내면 모든 것이 다 흐트러진다는 것입니다. 빨리 일을 끝냈다고 한들 그게 온전한 모습이겠습니까. 실수 가득한 엉성한 모습일 겁니다. 급할수록 돌아가라는 말이나 급하게 먹으면 체한다는 말이 괜히 있는 게 아

우리를 자꾸만 조급하게 만드는 건 속도에 대한 욕망과 성과에 대한 욕심이다.
그럴 땐 모든 걸 잠시 멈추고 나를 들여다보면 어떨까.

닙니다.

저도 이제 조바심과 대면하게 되면 지지 않아야겠다고 다짐해봅니다. 조바심이 마음 밖으로 나오려고 몸부림을 치면 절대 문을 열어주지 않아야겠습니다. 달래고 다독거려 잠을 재워야겠습니다. 물론 쉽지 않은 일일 겁니다. 속도에 대한 욕망과 성과에 대한 욕심이 있는 한 조바심을 잠재우기란 쉽지 않겠죠. 그렇지만 조바심으로 인해 더 이상 심신을 망가트리는 어리석은 짓은 하지 않으려 합니다.

나도 모르게 조급해질 때는 혜민 스님께서 말씀하신 이 한 구절을 되새겨 볼 것입니다.
"주변하고 하는 레이스가 아니고 나하고 하는 레이스가 인생 같아요. 잠시 멈추고 내 마음을 조용히 들여다봐요. 생각이 고요해지면 괜찮아져요."

또한 「낚시」라는 이야기를 읽으며 지금 내가 속도에 치여 살고 있진 않은지 오늘의 삶을 점검해봐야겠습니다.
노인과 청년이 나란히 옆에 앉아 낚시를 하고 있습니다. 그런데 어찌 된 일인지 노인은 계속해서 물고기를 잡아 올렸습니다. 노인이 열 마리를 잡을 동안 청년은 한 마리도 잡지 못했습니다.

"어르신, 물고기 잡는 비법 좀 알려주세요. 제 미끼가 문제인가요? 아니면 낚싯대가 문제인가요?"

노인은 고개를 내저으며 말했습니다.

"자네 미끼나 내 미끼나 같은 걸세. 낚싯대 역시 같은 거고."

"그런데 뭐가 문제인가요?"

노인은 나지막한 목소리로 말했습니다.

"자네, 그 조바심이 문제야. 물고기가 미끼를 물 때까지 차분히 기다려야지, 자꾸 조바심에 가만히 있지 못하고 이리저리 움직이면 어느 물고기가 미끼를 물겠나? 물고기를 잡으려면 조바심부터 먼저 강물에 던지게. 알겠나?"

불 **필** 요 한
것 들 을
버 리 고
포 기 를
선 택 **했** 다

몇 해 전, 전셋집을 구하러 여러 곳을 돌아다닌 적이 있습니다. 맘에 드는 집은 너무 비싸고 가격대가 맞으면 좀 아닌 것 같고. 딱 맘에 드는 전셋집을 구하기가 참 힘들었습니다. 그렇다고 주저앉을 수도 없고 힘을 내 발바닥에 땀이 나도록 다시 또 돌아다녔습니다. 열심히 발품을 판 덕분에 다행히도 적당한 집을 구할 수 있었고 그 집에서 지금까지 잘 살고 있습니다.

그 당시 전셋집을 구하러 다니면서 느낀 게 하나 있었습니다. 어서 빨리 내 집을 마련해야겠구나, 하는 생각도 들긴 했지만 그것보다도 정리를 잘 하며 살아야겠다는 걸 느꼈습니다. 뜬금없이 '정리'라는 말을 왜 하는지 고개를 갸우뚱거리는 사람도 있을 겁니다.

그 말이 나온 이유는 이렇습니다. 전셋집을 구하러 여러 집을 돌아다니다 보니 본의 아니게 다른 사람들의 사는 모습을 훔쳐보게 되었습니다. 그런데 잘 정리되지 않은 집이 태반이었습니다. 현관문을 열고 들어서면 신발들이 제 짝을 잃은 채 뒤섞여 있고, 안방에는 장롱에 있어야 할 이불과 옷들이 다 나와 있고, 살림살이며 잡동사니가 뭐가 그리 많은지 여기저기에 나뒹굴고 있었습니다.

왜들 저렇게 살지? 한숨이 나왔습니다. 집 구경을 마치고 나오면서 저는 맘속으로 다짐을 했습니다.

'아, 나는 저렇게 살지 말아야지.'

몇 년이 지난 이 시점, 저는 그 다짐대로 잘 살고 있을까요?

부끄럽게도 그때 그 날의 다짐은 온데간데없이 사라졌습니다. 여느 집처럼 정리되지 않기는 마찬가지입니다. 갑자기 날

씨가 더워져서 반팔 티셔츠 하나 찾으려면 옷장 안에 있는 옷들을 다 꺼내야 합니다. 순식간에 난장판이 됩니다. 제대로 옷 정리가 되지 않는 터라 뭐 하나 찾으려면 이 난리를 쳐야 합니다. 옷만 그런 게 아니라 책도 그렇습니다. 이 방 저 방 돌탑마냥 한 무더기씩 쌓여 있고 책상 위에는 볼펜이며 명함이며 계산기며 음료수며 비타민제며 온갖 잡동사니가 다 나와 있습니다. 휴지통에는 휴지들이 넘쳐 밖으로 튕겨져 나오고 그릇도 옛날 거랑 이제 막 산 것들이 뒤섞여 있습니다.

결국 큰맘 먹고 대청소를 했습니다. 버릴 것들을 다 꺼내 모아보니 좀 과장해서 산더미처럼 쌓였습니다. 도대체 이런 것들이 어디에 다 숨어있었는지 참으로 놀라울 따름입니다. 정리를 마치고 개운한 마음으로 거실에서 국화차 한 잔 마시며 혼잣말로 중얼거렸습니다.

'필요도 없는 것들을 왜 그렇게 붙들고 살았는지 원…'

불필요한 것들이 왜 줄지는 않고 계속해서 쌓여만 가는 걸까요?

인풋(Input)이 되는 만큼 아웃풋(Output)이 되어야 하는데 그러지 못해서입니다. 아깝다고 붙들고 있고 사연이 있다고 놓

아주지 않고 미련이 남는다고 버리지 못하면 결국엔 불필요한 것들과 새로운 것들이 뒤엉켜 난장판이 되고 맙니다.

버리지 않고 갖고 있는 것만이, 포기하지 못하고 질질 끄는 것만이 능사가 아닙니다. 버리는 것 혹은 포기하는 것도 용기 있는 선택입니다. 새로운 물건, 새로운 기운, 새로운 꿈을 받아들이려면 그만큼의 공간이 필요합니다. 이 공간을 확보하려면 불필요한 것들을 버리고 포기해야만 가능합니다.

버리는 것 혹은 포기하는 것을 좀 더 확장해서 생각하면 '후퇴'라는 개념과도 연결해서 생각할 수 있습니다. 버리는 것 혹은 포기하는 것이 새로운 것을 채우기 위한 과정인 것처럼 후퇴 역시 달리 생각하면 단지 패배나 실패로만 치부할 게 아니라 훗날을 도모하여 새로운 전진을 위한 과정으로 받아들일 수도 있는 것입니다.

삼국지에 이런 이야기가 나옵니다. 유비의 부하인 조자룡이 조조의 군사를 대파한 적이 있습니다. 그런 성과를 거둘 수 있었던 건 군사력이 월등해서가 아닙니다. 오히려 조조의 군사력에 비해 조자룡이 이끄는 군사력은 숫자상으로 형편없었습니다.

쓸데없는 것을 버리는 것.
허황된 바람이나 꿈을 미련 없이 포기하는 것.
훗날을 기약하며 한 걸음 후퇴하는 것.

이러한 것들은 절대로 끝이 아니다.

그런데 어떻게 이길 수 있었을까요?

조자룡은 조조 군사들의 군량미를 탈취하기 위해 수십 명의 경기병만 이끌고 조조에게 향했습니다. 그런데 조조는 대군을 출병시켜 조자룡의 군대를 공격했습니다.

"이대로 있다가는 다 죽겠다. 일단 후퇴하자."

"조 장군님. 후퇴라니요? 후퇴는 치욕이며 패배를 인정하는 것입니다."

"그렇지 않네. 전진하겠다는 의지가 있는 한 후퇴는 패배가 아니야. 어서 퇴각하라!"

조자룡은 다행히 성안으로 들어올 수 있었습니다. 적의 대군들도 성에 도달했습니다. 당장이라도 성안으로 밀고 들어올 기세였습니다. 빨리 성문을 닫아야 그나마 안전이 보장되는데 조자룡은 이렇게 명령했습니다.

"성문을 닫지 말고 그대로 열어둬라! 깃발을 내리고 북소리를 멈춰라!"

조조군은 닫히지 않는 성문을 보고 어리둥절했습니다. 다들 성안에 엄청난 복병이 있을지 모른다고 생각했습니다. 두려움에 휩싸인 조조군은 철수를 하기 시작했습니다. 그런데 그때 북소리와 함께 조자룡이 조조군을 맹렬하게 공격했습니다. 이에 놀란 조조군은 자기편끼리 뒤엉켜 난리가 났습니다. 조조군 대부분은 강에 빠졌고, 죽은 자는 셀 수도 없이 많았습니다. 조자룡은 후퇴의 지혜를 통해 반격을 시도해 대승을 이룬 것입니다.

물러난다고 하여 자책할 필요는 없습니다. 그것 자체가 뛰어난 전략일 수도 있습니다. 새로운 일을 도모하기 위해 잠깐 움츠리는 것입니다. 한 걸음 물러나야만 넓은 하늘을, 푸른 바다를 볼 수 있는 겁니다.

끝이란 없습니다. 쓸데없는 것을 버리는 것, 허황된 바람이나 꿈을 미련 없이 포기하는 것, 훗날을 기약하며 한 걸음 후퇴하는 것. 이러한 것들은 절대로 끝이 아닙니다. 그건 미래를 위한 창의적인 행동이며 용기 있는 선택입니다.

오늘 여러분도 주위의 모든 것을 정리하는 시간을 갖길 바랍니다. 버릴 건 버리고 놓아줄 건 놓아주고 보내야 할 건 보내주기 바랍니다. 그리고 마음에 낀 먼지도 깨끗이 닦아냅시다. 그래야 내일 태양이 뜨면 창문으로 들어오는 새로운 공기, 새로운 하루, 새로운 나를 맞이할 수 있습니다.

△
백 지 가
되 어 버 린
다 이 어 리 의
기 억 들 ▲

▲

광화문에 있는 대형서점을 자주 찾는 편인데 그곳에 가면 어찌나 책들이 많은지 두 눈이 휘둥그레집니다. 잘은 모르겠으나 아마도 한 달이면 수백 종의 책이 세상에 쏟아질 겁니다. 새로운 책이 나오면 오래된 책은 매대에서 서서히 뒤로 밀리고 끝내는 책꽂이에 꽂히거나 아니면 반품처리가 되어 밖으로 쫓겨나게 되죠. 그게 책의 운명입니다. 끝까지 살아남기 위해선 독자들의 지속적인 사랑이 필요하죠.

 요즘 특히 독자들로부터 많은 사랑을 받고 있는 인기 분야가 있습니다. 바로 자기계발서입니다. 먹고 살기가 점점 힘들다 보니 사람들도 직장생활이나 인간관계 등에 실질적으로 도움이 될 만한 책을 선호하는 것 같습니다.
 그래서 그런지 몰라도 자기계발서는 쉼 없이 쏟아져 나옵니다. 수요가 많다 보니 그만큼 공급도 많아질 수밖에요. 나오는 책마다 자기 책이 성공의 바이블이고 자기계발서의 최고임을 자부합니다. 그런데 가만히 살펴보면 비법이란 게 사실 다 거기서 거기입니다. 익히 우리가 다 아는 내용입니다.

자신감을 가져라
준비한 만큼 얻는다
내 편이 아니더라도 적은 만들지 마라
꿈을 버리지 마라
두려워하지 말고 끝까지 해라
………

....

이미 아는 얘기이지만 그럼에도 불구하고 자기계발서를 펼쳐 보는 이유는 그만큼 발전과 변화에 대한 욕구가 강하다는 반증일 겁니다.

자기계발서를 읽으면 한 며칠간은 가슴이 뜨거워집니다. 금방이라도 성공이 손에 잡힐 것 같고 마음자세가 새롭게 바뀐 것 같고 뭔가를 하겠다는 의욕도 솟구칩니다. 그런데 또 며칠이 지나면 뜨거웠던 가슴은 냉랭해집니다. 언제 그랬냐는 듯 똑같은 일상을 반복하고 있고 또 그 자리에서 한숨만 내쉬고 있습니다.

'어째서 늘 이 모양일까?'

철학자 괴테는 이렇게 말했습니다.

'생각하는 것은 쉬운 일이다. 행동하는 것은 어려운 일이다. 생각한 대로 행동하는 것은 더욱 어려운 일이다.'

아무리 많은 책을 읽고 이론을 정립하고 아는 것이 많아도 그건 그저 아는 것일뿐 그 이상도 그 이하도 아닙니다. 아는 게 힘이 아니라 아는 것을 실천해야 힘이 됩니다. 실천이 따르지 않는 이론은 향이 나지 않는 꽃이나 다를 바 없습니다. 행동이 없는 말은 울리지 않는 종과 다를 바 없습니다.

이런 이야기가 있습니다.

젊은 스님이 바위 위에 앉아 가부좌를 하고 앉아있었습니다. 그런데 날이 밝으면 다시 또 바위 위에 앉아있는 겁니다. 그렇게 한 달이 지났습니다.

노승이 바위에 앉아있는 젊은 스님에게 다가가 물었습니다.

"자네 거기서 매일 뭘 하나?"

"예. 깨달음을 얻기 위해 이렇게 앉아있습니다."

"그래, 많은 깨달음을 얻었는가?"

"아니요. 전혀요."

그런데 갑자기 늙은 스님이 지게를 짊어지고 산으로 올라갔습니다.

"스님, 지금 어디 가시는 건가요? 거긴 위험합니다."

"겨울에 쓸 장작 좀 미리 준비해야지."

"그런 건 젊은 사람들 시키세요."

"왜 이 좋은 걸 남을 시키나? 그리고 참, 앉아만 있다고 부처가 되는 줄 아나? 활동 속에 부처가 있고 깨달음이 있는 것일세."

젊은 스님은 자리에서 일어나 노승을 뒤따랐습니다.

실천의 중요성을 강조한 이야기가 또 하나 있습니다.

영국 옥스퍼드 대학에는 '러스킨의 길'이 있다고 합니다. 비 오는 날, 러스킨 교수는 강의를 하기 위해 학교로 향했습니다. 그런데 강의실로 가는 길에 웅덩이가 있었습니다. 웅덩이 때문에 결국 옷이 흙탕물로 더러워졌습니다.

"교수님, 왜 그렇게 되셨어요?"

"웅덩이에 고인 흙탕물 때문에 이 꼴이 됐지 뭔가. 이 웅덩이를 어떻게 했으면 좋겠나?"

"길을 고쳐야죠."

"그래야지. 다들 나오게."

"예?"

"말과 행동 사이에 시간을 두면 안 되네. 말을 했으면 바로 실천을 해야지."

러스킨 교수와 학생들은 웅덩이를 메우고 길을 보기 좋게 고쳤습니다. 그래서 '러스킨의 길'이 탄생한 것입니다.

두 이야기를 통해 저 역시 인생에 있어서 실천이 얼마나 많은 부분을 차지하는지 깨닫게 됩니다. 저는 새해가 되면 늘 새로운 마음으로 새 다이어리를 하나 삽니다. 그리고 며칠 동안은 일 년 계획을 세우느라 분주합니다. 그런데 막상 2, 3개월 지나면 그때의 계획과 다짐은 유명무실이 됩니다. 그렇게 되는 까닭은 실천하지 않는 데 있습니다. 백날 계획만 한들 실천이 없으면 무슨 소용이겠습니까.

　이제 좀 전략을 바꿔야겠습니다. 계획보다 실천에 더 많이 신경을 써보렵니다. 실천표를 하나 만들어 늘 옆구리에 끼고 다녀야겠습니다. 하루하루 그 날 할 일을 체크해서, 성과를 이루면 내 스스로에게 상을 내리고 그렇지 못하면 반성하며 각성해야겠습니다. 그렇게 하루하루 단위로 살아야겠습니다. 실천하는 하루가 모이다 보면 월말에 가서 성과가 있을 것이고 연말에는 풍성한 마음을 가질 수 있겠지요. 그런 날이 쌓이다 보면 인생의 그림도 멋진 모습으로 완성되겠지요.

▲ 오 락 실
게 임
한 판 ,
그 땐
순 수 하 게
만 족 했 지 만

　　　　　　　　　　△
　　　　　　　　　　△
　　　　　　　　　　　▲

제가 초등학교 때 저희 집은 헌책방을 했습니다. 아버지는 늘 오전 한차례 자전거를 몰고 고물상에 가셨습니다. 쓸 만한 책이 있을까 하고 가시지만 공치는 날이 허다했습니다. 볼펜으로 마구 낙서를 한 책, 중간 몇 페이지가 사라져버린 책, 심하게 찢어져 나풀거리는 책, 쥐오줌이 묻어 얼룩이 진 책, 표지가 없는 책, 불에 타버린 책 등 도저히 손님에게 내놓을 수 없는 책이 대부분이었습니다.

운이 좋은 날도 있습니다. 여기저기에 쌓인 고물을 뒤집다 보면 거의 새 책이나 다름없는 보물을 무더기로 발견할 때도 있습니다. 자전거 짐칸에 마치 곡예사처럼 높다랗게 쌓은 책을 싣고 가게로 돌아옵니다.

"막둥아, 이 책 좀 받아라."

저는 가게 안으로 새로 들어온 책을 나르고 정리하는 일을 도왔습니다.

그 일이 재미있어 도운 측면도 있지만, 사실은 일을 마치고 나서 아버지께서 수고비로 쥐어주는 100원짜리 한 개의 힘이 컸습니다. 100원짜리를 손에 쥐고 룰루랄라 휘파람을 불며 구멍가게로 달려갑니다. 50원짜리 오렌지 맛 서주 아이스바를 하나 사먹고 나머지 50원은 두뇌계발을 위해 전자오락실로 달려갔습니다.

자리에 앉아 동전 투입구에 동전을 넣고 갤러그 한 판을 합니다. 레버를 좌우로 움직이며 적의 공격을 피하고 버튼을 열심히 눌러 적을 공격합니다. 몇 분 하지도 못하고 내 비행기가 다 죽어 게임이 종료되지만 그래도 그 갤러그 한 판이면 이 세상에서 부러울 게 없었습니다.

어느 날, 헌책방 안이 소란스러웠습니다.

왜 그런가봤더니 제 또래 아이가 책을 훔치다 걸린 것이었습니다. 아이의 얼굴엔 두려움과 걱정으로 가득했습니다.

"네 이 놈. 경찰서에 가야겠구나. 너 집 어디야?"

"아저씨, 한 번만 용서해주세요. 엄마가 알면 저 큰일 나요."

저는 아버지께서 어떤 결정을 내릴까 궁금했습니다. 아버지께서는 일단 아이를 진정시킨 후, 야쿠르트 하나를 내밀었습니다.

"자, 이거 먹어."

아이는 눈을 깜박거리며 야쿠르트에 꽂힌 빨대를 쭉쭉 빨았습니다.

그때 대뜸 아버지께서 저에게 물었습니다.

"막둥아, 이 애를 어떻게 했으면 좋겠니? 너라면 어떻게 하겠니?"

저는 망설임 없이 대답했습니다.

"용서해주세요."

제 말이 통한 건지 아니면 아버지께서 이미 결정을 하신 건지 몰라도 아이는 무사했습니다. 다음부터는 나쁜 짓을 하지 않기로 약속한 후 아이는 집으로 돌아갔습니다.

"막둥아, 너는 나쁜 짓하면 안 된다. 알았지?"

순간, 저는 마음이 움찔했습니다.

사실 며칠 전부터 저도 나쁜 짓을 하고 있었습니다. 전자오락의 재미에 맛 들인 저는 아버지께서 고물상에 책을 구하러 간 틈을 타 돈이 든 서랍에 손을 댔습니다.

어느 정도의 금액인지 기억나지 않지만 지금이나 그때나 배포가 두둑하지 않은 걸로 봐서는 아마도 동전 몇 개가 전부였을 겁니다. 그러나 문제는 한 번 두 번으로 끝난 게 아니었다는 것입니다. 전자오락을 멈춰야 더 이상 서랍에 손을 대지 않는데 날이 갈수록 전자오락에 대한 욕망은 커져만 갔고 제 손도 빨라져만 갔습니다.

한동안 그렇게 나쁜 손을 달고 다녔습니다.

처음 느꼈던 갤러그 한 판의 행복, 그것은 이미 물 건너갔고 시간이 지날수록 마음속은 불안과 초조 그리고 죄책감으로 가득 찼습니다.

욕심과 욕망이 꿈틀대는 그 순간부터 행복은 사라지고 불행의 역사가 시작되는 것 같습니다. 셰익스피어의 작품 『맥베스』란 작품을 보면 욕망의 끝이 얼마나 처참한지를 알 수 있습

처음 느꼈을 때의 만족감을 행복의 시작이 아니라 끝이라 여기길.
그러니 그 순간에 누릴 수 있는 행복을 최대한 누리길.

결코 다음을 기약하지 말기를.

니다.

전쟁을 승리로 이끈 스코틀랜드의 장군인 맥베스는 개선 도중 마녀를 만나게 됩니다. 맥베스는 마녀로부터 자신이 머지않아 왕이 된다는 소리를 듣게 됩니다. 마녀의 예언에 현혹된 맥베스는 그때부터 욕망의 늪에 빠지고 맙니다. 아내와 공모해 덩컨 왕을 시해하고 자신의 앞길에 장애가 되는 사람들은 모두 다 죽입니다. 마침내 맥베스는 왕이 됩니다. 최강의 권력자가 되면 이 세상에서 가장 행복할 거라 생각했지만 그렇지 않았습니다. 오히려 잘못된 욕망이 낳은 두려움과 공포에 시달려야 했습니다. 왕비 역시 마찬가지였습니다. 왕비는 이렇게 말합니다.

"다 허무하고 소용없는 일이다. 욕망이 이루어져도 만족이 없는 한은, 살인을 하고 얻은 명예도 이렇게 불안한 기쁨밖에 누리지 못할 바에야 차라리 살해당하는 신세가 더 편하겠구나. 맥베스. 아, 내 마음속에는 전갈들이 우글거리는 것 같소."

욕심과 욕망의 끝은 처참했습니다. 왕비는 결국 자살을 선택하게 되고 맥베스 역시 왕좌를 노리는 세력에 의해 처참한 죽음을 맞습니다.

대부분 사람들은 욕심과 욕망의 끝이 어떻다는 걸 알면서도 그것을 자제하거나 멈추지 못합니다. 어쩌면 인간이기 때문에 그런지도 모릅니다. 인간은 욕망의 동물입니다. 하나를 얻으면 둘을 얻고 싶고, 열을 얻으면 백을 얻고 싶고, 백을 손에 쥐어졌으면서도 또 천을 향해 달려갑니다.

하늘보다 높고 바다보다 넓은 게 인간의 욕망입니다. 그렇다고 욕망을 쫓는다고 해서 만족을 얻는 건 아닙니다. 다 채웠다 싶었는데 막상 채우고 나면 또 다른 빈 공간이 생기기 마련입니다. 이게 욕망의 속성입니다. 욕망을 완성할 순 없습니다. 완벽한 충족은 없습니다.

법구경에 모든 근심은 욕심과 욕망에서 나온다는 말이 있습니다. 기왕 채울 수 없는 것이라면 조금이라도 포기해야 마음이 편해질 것입니다. 멈추면 더 이상의 불상사는 일어나지 않을 것입니다.

우리는 행복을 원합니다. 어떻게 하면 행복해질 수 있을까요? 의외로 답은 간단합니다. 처음 느꼈을 때의 만족감을 행복의 시작이 아니라 끝이라 여기면 됩니다.

어릴 적 갤러그 게임을 하면서 느꼈던 행복의 그 첫맛, 그 처음을 행복의 끝이라고 생각했어야 합니다. 맥베스가 전투에서 승리한 후에 맛봤던 그 짜릿한 행복감, 그게 행복의 시작이 아니라 행복의 끝이라고 생각했어야 합니다.

다시 말해서 그 순간 누릴 수 있는 행복을 최대한 누리라는 것입니다. 다음을 기약하지 말고 그 순간을 만족하라는 겁니다. 여기서 만족해야지 괜한 욕심과 욕망 때문에 한 걸음 더 내디디면 그때부터 불행이 시작됩니다. 부디 오늘도 욕심과 욕망 그리고 행복의 사이에서 현명한 선택을 하기 바랍니다. 저 역시 지금 이 순간을 웃고 사는 사람으로 살고자 합니다.

아 무
일 도
일 어 나 지
않 을
거 라 는
믿 음

　

예나 지금이나 빼놓지 않고 등장하는 드라마의 공식이 몇 개 있습니다.

첫 번째 공식은 주인공이 모르는 출생의 비밀입니다. 몇 되지 않는 출연자끼리 관계가 얽히고설켜 있습니다. 이모인 줄 알았는데 나중에 알고 보니 엄마이고, 형인 줄 알았는데 아버지인 경우가 허다합니다. 그리고 원수를 갚으려는 찰나 그 원수가 바로 피를 나눈 이복형제임을 알게 됩니다.

두 번째 공식은 신데렐라 공식입니다. 남자는 재벌 집안의 아들이고 여자는 가난한 여대생이거나 말단 직원입니다. 그렇지만 여자는 씩씩하고 당당하며 무기가 될 만한 독특한 개성이 있습니다. 그런 여자를 보고 남자는 마음을 빼앗깁니다. 남자의 마음을 사로잡은 여자는 모든 역경을 이겨내고 마침내 세상 사람들이 부러워하는 멋진 신데렐라가 됩니다.

세 번째 공식은 불륜입니다. 조강지처를 버리고 바람을 피웁니다. 그러는 과정에서 전처와 남자 그리고 새 여자 사이에 갈등이 일어나고 전처는 복수의 칼을 갈기 시작합니다. 마침내 전처는 예전과는 다른 멋진 모습으로 나타나 보기 좋게 복수를 성공합니다.

그리고 마지막 공식은 희한하게도 주인공들이 큰 병에 걸린다는 겁니다. 이 공식은 주로 멜로드라마에서 자주 써먹곤 합니다. 예전에는 주로 주인공의 병명이 암이나 백혈병 혹은 심장마비가 단골이었는데, 이제는 병명도 조금씩 진화했습니다. 틱장애, 모야모야병 등 흔히 알려지지 않는 희귀한 병명을 다룹니다. 그리고 요즘 부쩍 많이 등장하는 게 정신 관련 질환입니다.

이를 테면 드라마 『시크릿 가든』에서 남주인공 주원(현빈

분)이 겪는 증상이 그렇습니다. 주원은 엘리베이터에 갇히자 심한 공포감을 느끼며 갑자기 발작을 일으킵니다. 거품을 뿜어내고 머리를 쥐어뜯으며 괴로워합니다. 거친 숨을 몰아쉬며 금방이라도 숨이 넘어갈 듯 고통스러워합니다. 이 병명은 폐쇄된 공간에 갇히게 되었을 때 극도의 공포와 불안을 느끼며 발작까지 일으키게 되는, '공황장애'입니다.

드라마 『보스를 지켜라』에서도 남주인공 지헌(지성 분)은 공황장애로 인한 대인기피증을 겪습니다. 사람들 앞에 제대로 나서지 못한다는 자체가 회사를 이끄는 임원으로서 최악의 결점이 아닐 수 없습니다. 그런데 다행스럽게도 그의 비서(최강희 분) 덕분에 그 증세를 극복하게 됩니다. 사람들 앞에서 '남행열차'를 부르고 커피숍에서 일을 하며 화상으로 프레젠테이션을 하는 등 조금씩 자신감을 얻습니다.

이처럼 요즘 드라마에서 공황장애가 자주 등장하는 이유가 단지 독특한 병명의 소재 발굴 차원만은 아닐 것입니다. 그보다도 우리 시대상의 반영이 아닐까 합니다. 실제로 요즘 사람들은 공황장애와 같은 정신질환을 많이 겪고 있습니다.

제 주변에도 공황장애로 고통을 겪고 있는 사람이 있습니다.

오랜만에 고등학교 친구를 만나서 술 한 잔 기울였습니다. 술이 몇 잔 들어가더니 친구가 마음 속 이야기를 꺼내기 시작했습니다. 몇 달 전에 정신과 치료를 받았다는 겁니다. 지금은 어느 정도 극복됐지만 그 당시만 해도 죽을 것만 같았다고 했습니다.

"도대체 무슨 일이야?"

그는 자신에게 있었던 일을 차근차근 말했습니다. 프리랜서로 그림 그리는 일을 하다 보니 작업량이 곧 돈과 직결됩니다. 그는 손놀림도 빠르고 그림 실력도 뛰어나 남보다 두 배, 많게는 세 배의 일을 했는데, 이 때문에 동료들로부터 시기와 질투의 대상이 되었다고 합니다. 시기와 질투는 결국 그를 외롭게 만들었고 악의적인 소문 때문에 곤란을 겪는 일도 종종 있었다고 합니다. 이런저런 일 때문에 스트레스를 받기 시작했고 언제부턴가는 불면증에 시달렸다고 합니다. 그런데 더 큰 문제는 사람들이랑 어울려 밥을 먹을 때면 소화가 안 되고 갑자기 심장이 빠르게 뛰면서 식은땀이 난다는 거였습니다.

급기야 어느 날, 동료들과 저녁 식사를 하는데 그 증상이 나타나 황급히 화장실로 갔습니다. 그때는 정말로 죽을 것 같다는 생각이 들었다고 합니다. 그 공포감은 이루 말할 수 없었고 결국은 미친 듯이 달려 인근에 있는 응급실로 가기에 이르렸습니다. 이런저런 검사를 해봤는데 외관상 아무런 이상이 없었습니다. 여하튼 링거를 맞고 몇 시간 쉬니까 괜찮아졌다고 합니다.

그리고 며칠 후, 정신과 상담을 받았고 일종의 스트레스에 의한 공황장애라는 진단을 받았다고 합니다. 공황장애의 원인에는 생물학적, 심리학적, 사회적 스트레스 등 다양한 요인이 있겠지만 여하튼 요즘 현대인들에게 흔히 발생하는 증상인 건 틀림없는 듯합니다.

인생을 살다 보면 뜻하지 않는 병이 찾아오기 마련입니다. 팔이 부러지거나 피부에 상처가 나는 등 외관상으로 보이는 것들은 그것을 봉합하거나 붙이거나 덧씌우면 되지만, 보이지 않고 원인을 알 수 없는 병에 걸리면 참으로 고약합니다. 나는 죽을 만큼 괴로운데 남들이 보기엔 꾀병 같고, 이것처럼 환장할 노릇은 없습니다.

나는 괜찮겠지 하다가도 어느 날 갑자기 공황장애나 우울증 같은 병이 찾아올 수 있습니다. 병은 치료도 중요하지만 더 중요한 건 예방입니다. 스트레스를 쌓아두면 안 됩니다. 마음이 괴로울 때 괜히 혼자서 괴로워하지 말고 그 괴로움을 남에게 털어놔야 합니다. 딱히 해결책이 없다 해도 속 얘기를 털어놓았다는 것만으로도 이미 반은 치료가 되었을 겁니다.

또 하나는 자신의 의지를 믿어야 합니다. 위기 상황이 닥쳤을 때 죽을 것만큼 괴롭고 고통스러워하다 보면 자신의 의지를 펼칠 여유조차 없겠지만, 그래도 정신을 바짝 차려 '괜찮아. 난 이겨낼 수 있어'라는 믿음을 계속해서 자기 자신에게 주입시켜야 합니다. 작은 의심과 절망이라도 분명 몸과 마음에 좋지 않은 영향을 주기 때문입니다.

부정적인 감정이 마음을 지배하면 몸으로 나타나기 마련입니다. 이 순간만 잘 극복하면 괜찮을 거라는 믿음을 갖고 시간의 흐름에 맡긴다면 곧 회복이 될 것입니다. 위기 상황을 스스로 잘 극복한다면 그건 승리의 기억으로 자리 잡습니다. 한 번 두 번 계속해서 잘 이겨내면 분명 그건 좋은 습관으로 자리 잡아 자신을 괴롭혔던 것들로부터 해방될 수 있을 겁니다.

▲ 만 약

그

누 군 가 의

희 생 이 ▲

없 었 다 면

△

▲

어느 날, 신문 모퉁이에 작은 기사 하나가 제 눈에 들어왔습니다. 헤드라인은 이랬습니다.

'동료 선수의 금메달을 위해 나는 존재한다'

무슨 내용인지 궁금해 기사를 읽어 내려갔습니다. 그 기사는 '훈련 파트너의 삶'에 관한 내용이었습니다. 참고로 훈련 파트너란, 올림픽 출전 선수의 연습을 돕는 선수를 말합니다. 그런데 이들의 실력은 출전 선수와 크게 다르지 않습니다. 대부분 대표 선발전에서 아깝게 떨어진 선수들이기 때문입니다.

기사 내용은 대략 이랬습니다. 유도 종목의 훈련 파트너인 최 선수는 얼마 전까지만 해도 올림픽 출전의 꿈을 키워왔습니다. 그런데 안타깝게도 올림픽 출전 최종선발전에서 탈락하고 말았습니다. 결국 이번 올림픽에서 꿈을 접을 수밖에 없었습니다. 이런 절망과 좌절의 상황 속에서도 그는 평상심을 유지하고 곧바로 더 강도 높은 훈련에 돌입합니다. 올림픽 출전 선수들이 메달을 딸 수 있도록 연습 상대가 되어준 것입니다. 출전 선수를 위해 최 선수는 온종일 업어치기를 당하고 조르기도 당합니다. 몸이 성할 날이 없습니다. 그뿐만 아니라 출전 선수가 힘겨워할 때는 격려도 해주고 용기를 북돋아주는 일도 합니다. 자신의 감정은 철저히 숨기고 출전 선수만을 위해 존재하는 일종의 기쁨조라고 할 수 있습니다.

훈련 파트너의 노력은 끝이 없습니다. 출전 선수가 본 경기에 만날 상대 선수의 기술과 특성을 연구해 직접 상대 선수가 됩니다. 출전 선수에게 실전에 가까운 경험을 주기 위함입니다. 어떤 선수는 큰 대회에 나가지도 못하고 은퇴 시까지 훈련 파트너의 삶을 사는 경우도 있습니다. 그들도 어찌 서럽지 않겠습니까. 어찌 답답하지 않겠습니까. 그렇지만 그 순간만큼은 자신의 꿈과 욕망을 버리는 것만이 최선이기에, 묵묵히 그 길을 가고 있습니다. 아름다운 희생이 아닐 수 없습니다.

이 기사를 접하고 잠시 남을 위해 산다는 것에 대해 생각해보게 되었습니다. 자신의 이익만을 쫓는 이 시대에 남을 위해 산다는 건 참으로 어렵고도 대단한 일입니다. 대부분이 자기에게 이익이 되지 않는 일에 대해선 냉정하게 외면합니다. 더군다나 자기에게 손해가 되는 일이라면 한사코 거부합니다. 그러나 세상 사람들이 다 그런 건 아닙니다. 여전히 이 세상이 유지될 수 있는 이유는 남을 위해 살아가는 아름다운 사람들이 존재하기 때문입니다.

한나 노드하우스의 『꿀벌을 지키는 사람』 중에 이런 대목이 나옵니다.

"벌들은 종종 벌통을 떠나 죽는다. 바이러스 수치가 높으면 이들은 자기가 왜 아픈지 아는 듯 고의로 벌통을 떠나 다른 벌들에게 옮기지 않으려 우리의 선조들이 그랬던 것처럼 스스로를 희생한다. 생각해보라. 때가 왔음을 안 할아버지는 이글루를 떠나, 북극곰에게 자신을 먹이로 바친다."

　야구에는 희생번트라는 게 있습니다. 타자가 일부러 배트를 약하게 휘둘러 자신은 죽고 자신의 동료 선수를 한 베이스 진루시키는 걸 말합니다. 팀의 승리를 위해 자신의 타율을 포기하는 것입니다. 희생번트는 야구에서만 있는 게 아니라 우리네 인생에서도 종종 볼 수 있습니다. 타인의 생명을 살리기 위해 불길 속으로 과감히 뛰어드는 소방관이 있는가 하면, 강에 빠진 생면부지의 사람을 구하기 위해 강물로 뛰어드는 사람도 있고, 자신도 어려운 상황인데 더 어려운 사람을 위해 기꺼이 자신의 것을 내놓는 사람도 있습니다.
　남을 위해 희생을 한다는 건 어쩌면 신의 영역에 가장 가까운 고귀한 마음인지도 모릅니다. 희생을 강요할 순 없지만 만약 그 누군가가 희생을 하지 않는다면 이 세상은 암흑과도 같을 것입니다. 어둠을 밝히는 작은 등불이 온 세상을 환하게 비추듯 희생의 빛은 세상을 아름답고 따뜻하게 만들어줍니다. 내 가슴속엔 희생의 빛이 꺼지지 않고 남아있는지 스스로에게 묻습니다.

05

어른이 되면서 놓치고 있는 것들

너무나
익숙해서,
당연한
말들의
의미를
잊고
살았다

어 둡 고
긴
터 널 에 도
끝 이
있 다 는
사 실

누구나 이루고 싶은 꿈이 있습니다. 저에게도 막연하게나마 작가가 되면 어떨까 하는 꿈이 있었습니다. 정말로 막연하고 희미한 꿈이었습니다. 글 쓰는 걸 좋아했지만 작가가 되겠다는 강한 의지는 없었습니다. 그마나 그런 꿈이라도 꿀 수 있었던 건 결혼 전의 일입니다. 결혼 후에는 막연했던 작가의 꿈마저도 사라지고 말았습니다.

아이가 생기니 내가 처한 현실 앞에 눈이 번쩍 뜨였습니다. 벽면에 곰팡이 천지인 대여섯 평 되는 반지하 방에서 산다는 게, 아이에게도 아내에게도 미안한 일이었습니다. 하루라도 빨리 이 눅눅하고 어두운 반지하 방을 벗어나고 싶었습니다. 매일 매일 열심히 일했습니다.

물론 광고 카피라이터로 산다는 게 만만한 일은 아니었습니다. 반복적인 야근은 물론이고 거미가 거미줄을 끊임없이 뽑아내듯 기발한 아이디어를 쏟아내야 했습니다. 하루에도 수백 개씩 카피를 써야 하니 정말로 힘든 나날이었지만 그래도 가족을 먹여 살린다는 자부심이 저를 버티게 했습니다. 저는 점점 생활인이 되어갔고 그러는 사이 꿈은 점점 먼 옛날의 불꽃놀이처럼 아련해져 갔습니다.

그런데 몇 년 후, 아내의 건강 문제로 회사를 그만둬야 했을 때 참으로 암담했습니다. 한참 돈을 벌 나이인데, 한참 달려야 할 나이인데…. 그 자리에서 멈춰야만 했습니다.

돈벌이는 없고 아내는 점점 더 고통스러워하고 아이는 울고. 감당할 수 없는 현실의 무게 앞에서 점점 무기력해져만 갔습니다.

'아, 끝이구나.' 그 생각이 불현듯 스쳐지나갔습니다. 그런데 그때 희한하게도 또 다른 생각이 떠올랐습니다. 바로 꿈이었습니다.

작가가 되고자 했던 꿈. 그 꿈은 예상치 못한 시기에 그렇게 만나게 되었습니다. 하루하루가 고난과 역경의 시간이었지만 오히려 그 시기가 저를 작가로 인도한 인생의 전환점이 된 것입니다. 아내랑 아이를 곁에서 돌보며 밥벌이도 할 수 있는 일이 오직 글쓰기라 생각을 한 것입니다.

몇 년 후, 열정을 다 바친 끝에 막연했던 꿈이 구체적인 현실로 실현되었습니다. 마침내 제 이름으로 책이 나온 것입니다. 그 성취감은 참으로 말할 수 없을 만큼 컸습니다. 물론 생활은 직장을 다닐 때보다 훨씬 더 쪼들렸지만 그래도 꿈을 이뤘다는 게 마음을 늘 풍요롭게 했습니다. 이처럼 삶의 전환점은 고난과 역경의 끝자락에서부터 오는 것 같습니다. 끝이라 생각했을 때 아이러니하게 그때부터 시작되는 것 같습니다.

저뿐만 아니라 가장 힘든 시기에 뜻밖의 새로운 삶을 시작하게 되는 경우는 종종 볼 수 있습니다.

복사기를 발명한 체스터 칼슨도 그런 사람들 중에 한 명입니다. 칼슨의 부모님은 두 분 다 결핵균에 감염되어 심한 고통 속에서 사셨습니다. 편찮으시지만 그래도 부모님이 존재한다는 것만으로 큰 힘이 되었는데 그가 17살 때 어머니는 세상을 등졌습니다. 그리고 아버지 역시 결핵균이 점점 뇌와 척추 등 온몸으로 퍼져 거동조차 할 수 없었습니다.

절망뿐인 환경 속에서도 희망의 끈을 놓치지 않고 열심히 공부했습니다. 대학교에 입학한 그는 화학과 물리학은 물론 법학까지 관심을 갖고 학업에 열중했습니다. 그런데 가정형편이 어렵다 보니 전공서적을 살 수가 없었습니다.

'또 베껴야 하는구나.'

두꺼운 법률서적을 살 돈이 없어 처음부터 끝까지 일일이 친구의 책을 베껴야 했습니다. 손목이 부러질 정도로 고된 작업이었습니다. 부유한 집안에 태어났다면 이런 고생은 하지 않았을 텐데…. 그런 마음이 들긴 했지만 그렇다고 부모님을 원망하진 않았습니다. 하지만 이러한 현실에 점점 지쳐가긴 했습니다.

그런데 그 무렵, 인생의 전환점을 맞이하게 됩니다.

"베껴 쓰는 게 너무 힘들어. 기계가 대신하면 참 좋을 텐데."

언젠가는 자신이 그 기계를 만들 거라 다짐했습니다. 그리고 몇 년 후, 취업을 하게 되었습니다. 그의 업무 특성상 원본

서류의 사본을 여러 개 만들어야 했습니다. 특히 도표와 그림을 그대로 그리는 건 힘든 작업이었습니다.

"그래, 좋아. 좀 더 쉽고 빠르게 베끼는 기계를 내가 만드는 거야!"

그는 물리학의 기본 원리인 정전기와 빛의 성질을 응용해 마침내 복사기를 만들어냈습니다. 그로 인해 그의 인생은 180도 뒤바꿨습니다. 백만장자가 된 것입니다. 만약 그가 가난하지 않았다면, 법률서적을 살 돈이 있었다면, 복사기의 발명은 후대의 몫이 되었을지도 모릅니다.

누구나 인생을 살다 보면 고난과 역경의 소용돌이에서 허우적대기 마련입니다. 지금 이 순간에도 내일은 또 어찌 사나 한숨과 한탄만 내뱉으며 깊은 절망에 빠진 사람들이 있을 겁니다. 어떤 말을 건네도 위로가 되지 않겠지만 감히 말씀드리자면 영원한 터널은 없습니다. 터널의 끝을 반드시 맞이하게 될 것이고 터널이 끝나는 순간 인생의 빛과 만나게 될 것입니다.

또 하나, 고난과 역경이 그저 힘들었던 경험으로 끝나는 것이 아니라는 겁니다. 그러한 경험들은 인생이라는 꽃을 피우기 위한 밑거름이 됩니다. 아름다운 꽃이 활짝 피기 위해선 뜨

한참 돈을 벌 나이인데,
한참 달려야 할 나이인데…
　　　　　그 자리에서 멈춰야만 했다.
그리고 그제야 사느라 바빠 지나쳤던
나의 꿈이 보였다.

거운 태양도, 타는 목마름도, 벌레의 공격도, 새의 심술도 이겨
내야 합니다. 그러한 것들을 겪은 후에야 비로소 꽃이 피고 대
지를 아름답게 물들일 수 있습니다.

　　우리가 잘 아는 세계적인 그룹 비틀즈도 처음부터 영광을
누린 게 아닙니다. 그들 역시 고난과 역경의 끝에서 비로소 새
로운 미래를 발견했습니다.

　　비틀즈의 시작은 초라했습니다. 독일 함부르크의 한 클럽
에서 노래를 시작했습니다. 10~12시간 무대에 서야 했고 노래
에 관심도 없는 손님 앞에서 목이 터져라 노래를 불러야 했습니
다. 설상가상으로 조지 해리슨이 나이가 어렸기 때문에 경찰에
체포되었고 급기야 추방까지 당했습니다. 그게 끝이 아니라 폴
매카트니는 방화용의자로 몰려 추방되었습니다. 결국 다른 멤
버들도 어쩔 수 없이 영국 리버풀로 돌아오게 되었습니다.

　　그들은 잠시 흩어져 생활을 하게 되었습니다. 암담한 나날
이었습니다. 그러나 그 절망은 시작을 의미했습니다. 다시 의기
투합하여 노래를 시작하였고 마침내 1960년 12월에 리버풀 북
쪽 리더랜드 타운홀에 서게 되었습니다. 함부르크에서 겪었던
굴욕과 고향 리버풀에서 겪었던 우울했던 시간이 오히려 그들

을 더 강한 록 밴드로 성장시킨 것입니다.

고난과 역경은 끝이 아니라 시작이라는 사실, 그리고 고난과 역경의 경험은 나를 주저앉히기 위한 게 아니라 나를 더 새롭게 만들고 내공을 길러주기 위한 에너지라는 사실, 이것만큼은 잊지 않았으면 합니다.

몇 살 더
어 려 져 도 ,
몇 살 더
나 이
먹 어 도

도

나이가 어리면 많은 제약이 따릅니다. 일단 술을 맘대로 마실 수 없고 담배도 남들이 보는 앞에서 필 수 없습니다. 물론 술과 담배를 입에 대지 않는 사람이라면 그게 그다지 제약이라 느끼지 못하겠지만, 술과 담배의 맛을 일찍부터 안 사람들에게 나이가 어리다는 건 분명 큰 장애요소가 됩니다. 어른들의 시선을 피해 몰래 해야 하기 때문에 불안하고 탈선이라는 틀에 갇히기 때문에 하는 내내 죄책감을 느껴야 합니다.

저는 대학생 때 술을 배웠기 때문에 별 상관없었지만, 담배는 고등학교 때 처음 접하게 되었습니다. 호기심과 혈기가 왕성한 그 나이에 담배의 유혹을 뿌리칠 순 없었습니다. 또한 또래 친구 대부분이 다 피워대는 담배를 나라고 거부할 이유가 없었습니다. 친구들과 돈독한 유대감을 위해서라도 어쩔 수 없는 선택이었습니다. 화장실에서 몰래 빼끔 담배를 폈습니다. 몇 번 피우다가 그만뒀지만 그 비좁은 화장실에서 서너 명이 쪼그리고 앉아서 담배를 피워대는 그 모습. 지금 생각해보면 볼품없고 초라하기 짝이 없습니다.

술과 담배 외에도 나이가 어리기 때문에 맘대로 할 수 없는 일들은 더 있습니다. 갖고 싶은 물건도 맘대로 살 수 없습니다. 부모님에게 받는 용돈이 한정돼 있기 때문입니다. 친구들과 어울려 여행을 떠나려고 해도 부모님이 허락할 리 없습니다. 부모님은 이렇게 말합니다. "나중에 해. 하고 싶은 거 있으면 어른이 된 다음에 그때 해."

이런저런 제약을 받다 보니 현실이 그저 답답하게만 느껴집니다. 스스로 할 수 있는 일이 아무것도 없다는 사실에 자괴

감에 빠지게 됩니다. 그래서 나이 어린 친구들은 마음속으로 이런 생각을 합니다.

'그래, 얼른 어른이 되자. 어른이 되면 내 세상이야.'

어른만 되면 모든 것이 한방에 해결될 거라 믿습니다.

하지만 막상 어른이 되고 나면 일이 더 복잡해집니다. 모든 일을 내 의지대로 할 수 있고 이 세상이 다 내 세상이 될 줄 알았는데 오히려 더 많은 제약을 받습니다. 물론 술을 몰래 숨어서 마시지 않아도 되고 더 이상 화장실에서 쪼그려 앉아 담배를 피우지 않아도 됩니다. 그런 혜택이 주어지지만 유감스럽게도 그 혜택 외에 달리 보장되는 게 별로 없습니다.

원하는 물건을 맘대로 살 수 없습니다. 돈이 있되 돈으로부터 자유로울 수가 없습니다. 그뿐만이 아닙니다. 학교 졸업 후엔 직장을 구하기 위해 청춘의 대부분의 시간을 투자해야 하고 그 이후엔 생존경쟁에서 살아남기 위해 모욕과 시기와 경쟁을 이겨내고 견뎌내고 극복해야 합니다.

그리고 나이가 차면 결혼도 해야 하고 한 집안의 가장이 되면 그 가정을 책임지기 위해 몇 배는 더 열심히 뛰어야 합니다. 방황할 시간도 없고 한눈 팔 여유도 없습니다. 한시라도 긴

장을 늦추거나 머뭇거리면 쫓아오는 후배들에게 밟히게 됩니다. 발바닥에 땀이 나도록 달려야 겨우 먹고 살 수 있습니다. 하루하루가 전쟁이고 밤이 되면 패잔병이 되어 쓰러지듯 잠이 듭니다. 나이가 차곡차곡 쌓일 때마다 인생의 무게도 함께 쌓이는 것입니다.

나이가 보름달을 지나 점점 그믐달로 향해갈 때는 더더욱 서러움의 강도가 세집니다. 특별히 아픈 곳은 없는데 여기저기 고장이 난 것 같고 자신감은 떨어지고 상실감은 커집니다. 얼굴에 주름이 늘어가고 계단을 오를 때 숨이 헐떡거리고 아침에 일어나면 뒷목이 뻐근합니다. 감정 역시 기폭이 없이 무뎌집니다. 아주 큰 기쁨도 조금 기쁘고, 아주 큰 슬픔도 조금 슬플 뿐입니다. 시간은 또 어찌나 빠르게 흐르는지 세월의 속도가 20대는 20km, 30대는 30km, 40대는 40km, 50대는 50km로 흐른다는 말이 사실처럼 느껴집니다. 여하튼 나이가 들면 괜히 외롭고 고독합니다. 거기다 병까지 얻으면 더더욱 서럽고 허망해집니다.

어떤 이들은 특권이라곤 아무것도 없는 어른의 계급장을 떼어놓고 싶어 합니다. 모든 짐을 다 내려놓고 차라리 아무것도

▲ 마음이 나이를 먹으면…
아주 큰 기쁨도 조금 기쁘고,
아주 큰 슬픔도 조금 슬프게 느껴진다.
내 마음의 나이는 과연 몇 살일까?

몰랐던 그 철없던 시절로 돌아가고 싶어 합니다. 영화『백 투 더 퓨쳐(Back to the Future)』처럼 과거로 돌아갈 수 있는 기회가 주어진다면 그 길을 선택하고자 할 겁니다.

그만큼 어른으로 살아간다는 게 어렵다는 말입니다. 나이 어려서 겪게 되는 서러움, 그건 서러움의 축에도 끼지 못합니다. 나이 어린 친구들을 무시하고 얕잡아봐서 이런 말을 하는 게 아니라 정말로 인생의 무게는 나이와 비례하는 것 같습니다. 한 살, 한 살 더 나이를 먹을수록 내가 감당해야 할 인생의 무게는 점점 무거워지는 거죠. 나이를 먹는다는 건 썩 유쾌한 일이 아닙니다.

그렇다고 자기 나이를 거부할 필요까진 없습니다. 몇 살 더 어려진다고 한들, 몇 살 더 나이를 먹는다고 한들 인생이 달라지진 않습니다. 지금 나이가 딱 적당합니다. 행복은 과거에 있는 것도 아니고 미래에 있는 것도 아닙니다.

어떤 작품이 최고라 생각하느냐는 질문에 어느 예술가는 이렇게 대답했습니다.

"지금 작업 중인 작품입니다."

가장 아름답고 의미를 둬야 하는 시간은 바로 지금 이 시간입니다. 이미 지나간 뒤를 돌아볼 필요도 없고 다가오지도 않는 미래에 대해 염려할 필요도 없습니다. 지금 이 순간, 지금 이 나이를 받아들이고 하루하루 즐겁게 살면 그만입니다. 당신은 지금 몇 살입니까? 머뭇거리지 말고 당당히 대답하십시오.

틀을
▲ 벗어나지
않는다면,
그것은

좀 오래된 광고 CF이긴 하지만 제 마음에 여전히 남는 CF 한 편이 있습니다. 어린이 교육 관련 회사에서 만든 건데 내용은 대략 이렇습니다.

화면에 귀여운 여자아이 하나가 턱을 괜 채 골똘히 생각에 잠긴 장면이 나오고, 이어 아이들이 시험 문제를 푸는 장면이 나옵니다. 여자아이와 시험 문제를 교차편집으로 번갈아 보여줍니다. 그런데 아이들이 푼 시험의 답이 다소 엉뚱합니다. 시험문제와 답은 이렇습니다.

1. 옆집 아주머니께서 사과를 주셨습니다. 뭐라고 인사해야 할까요?
(뭐 이런 걸 다)
2. 만유인력의 법칙을 발견한 사람은?
(죽었다)

마지막으로 이런 문제가 나옵니다.

3. 얼음이 녹으면 (　) 가 됩니까?

답이 뭘까요? 대부분은 얼음이 녹으면 물이 된다고 생각할 겁니다. 하지만 예상을 깨고 아이가 쓴 답은 이랬습니다.

얼음이 녹으면 (봄이 된다)

아이들이 적은 답을 보고 한참 웃었습니다. 그리고 마지막

얼음 문제에서는 고개를 끄덕거렸습니다. 물론 아이들이 적은 답들은 선생님 혹은 어른들이 원하는 답은 아닙니다. 그렇지만 이 얼마나 기발하고 순수하며 깊고 철학적입니까.

우리 대부분은 어항 속 물고기처럼 틀 안에서만 삽니다. 틀 밖으로 나가면 큰일 나는 줄 압니다. 조금이라도 틀 밖으로 이탈할라치면 다른 이들이 따가운 시선을 보내고 손가락질을 하며 야유를 합니다. 이렇듯 다른 이들의 반응을 의식해서인지 선뜻 틀 밖으로 나가지 못합니다. 그러나 사실 문제는 우리 자신에게 있습니다. 우리 스스로가 틀 밖으로 나가기를 꺼려합니다. 그 이유는 바깥세상에 대한 두려움 때문입니다.

새로운 것에 대한 낯섦도 물론 있겠지만, 도전과 모험에 대해 귀찮아하거나 겁내는 경우도 많습니다. 또한 틀 안의 생활이 주는 안락에 이미 젖어 있습니다. 틀 안이 안전하고 편안하다고 생각합니다. 오늘도 어제와 같이 늘 해왔던 것처럼 똑같은 일상을 반복적으로 살면 무난히 지낼 수 있다고 생각합니다. 지금의 생활, 지금의 환경이 안전과 편안함을 준다고 믿으니, 굳이 도전이나 모험을 할 필요도 없어집니다.

그러나 그 믿음은 거짓입니다. 안전과 편안함은 틀 안에

틀을 벗어나지 않는다면,
똑같은 방식으로 똑같은 일을 하는 것을 버리지 않는다면,
그건 편안함과 안락이 아니라 도태이며 퇴보이다.

갇힌 삶과 정체된 날로부터 오는 게 아니고 끊임없이 도전하고 모험하는 삶에서 오는 것입니다. 틀을 벗어나지 않는다면, 똑같은 방식으로 똑같은 일을 하는 것을 버리지 않는다면, 그게 바로 도태이며 퇴보입니다. 어항 밖으로 뛰쳐나가야 합니다. 드넓은 바다, 새로운 세상을 만나야 합니다.

고정관념을 뛰어넘는 새로운 세상과 만나길 원한다면 생활이나 환경을 뒤집는 것도 중요하지만 가장 중요한 건 생각의 전환입니다. 생각이 바뀌면 그 모든 것이 저절로 바뀝니다.

아무리 기발하고 훌륭한 생각이 우리의 뇌를 노크한다고 해도 우리 스스로 새로운 것을 받아들일 준비가 되어 있지 않으면 그 아까운 것들은 바람처럼 사라지고 맙니다. 엉뚱하다고, 미쳤다고 욕을 먹을지언정 끊임없이 틀 밖의 생각을 하는 연습을 해야 하고 그런 생각을 하는 사람들을 이해하고 존중해야 합니다. 그러면 생활이 바뀌고 환경이 바뀌고 미래가 바뀌는 것입니다.

화석처럼 딱딱하게 굳어버린 우리의 머리를 캐러멜처럼 말랑말랑하게 해줄 일본 광고 한 편을 소개해드리겠습니다. 이 광고는 어린이의 생각이 얼마나 창조적이고 뛰어난지 보여줄 뿐만 아니라 우리의 생각이 얼마나 닫혀 있는지를 반성하게끔

합니다.

　미술시간에 선생님이 아이들에게 그리고 싶은 동물을 그려보라고 합니다. 아이들은 무슨 그림을 그릴까 잠시 고민을 하더니 이내 크레파스로 그림을 그리기 시작합니다. 선생님은 아이들이 무슨 그림을 그릴까 궁금해하며 교실 여기저기를 돌아다닙니다. 아이들은 도화지에 곤충이나 토끼 같은 갖가지 동물들을 그립니다.

　그런데 선생님은 한 남자아이의 그림을 보더니 고개를 갸웃거립니다. 남자아이는 도화지를 전부 검은색 크레파스로 채우기만 합니다. 그것도 한 장이 아니라 여러 장을 계속 해서 검은색 크레파스로만 채웁니다.

　그 남자아이에게 무슨 문제가 있다고 판단한 선생님은 남자아이의 부모님께 알리고 결국 남자아이는 정신적으로 문제가 있는 것으로 판단해 병원으로 보내지게 됩니다. 병원에서도 남자아이는 계속해서 도화지에 검은색만 칠했습니다.

　그런데 어른 한 명이 남자아이가 칠한 도화지를 유심히 보더니 무언가를 깨달았습니다. 남자아이가 색칠한 수십 장의 도화지를 들고 강당으로 향했습니다. 강당 바닥에 도화지를 펼쳐

놓곤 퍼즐조각을 맞추듯 뭔가를 완성해갔습니다. 강당 바닥에 가득 찬 검은색 도화지는 정체는 바로 거대한 검정 고래였습니다. 어른들은 그 남자아이가 그리고자 하는 그림을 감히 생각지도 못했습니다. 아이의 유연하고 열린 틀 밖의 생각을 담기엔 어른들의 생각 그릇이 너무나 작고 좁았던 겁니다.

마지막
순간에
흔들릴 때,
끝까지
하는
힘

"꿈을 이루기 위해서는 어떻게 해야 합니까?"

강연을 다니다 보면 간혹 이런 질문을 받을 때가 있습니다. 사실 대답하기가 참 곤란합니다. 노력하라, 계획을 세워라, 포기하지 마라 등 이런 얘기를 하고 싶지만 그러면 교과서적인 대답이라고 시시해하고, 그렇다고 실질적인 도움을 줄 수도 없고. 이렇게 곤란할 때는 종종 이 이야기를 들려줍니다. 이 이야기

안에 어느 정도 해법이 있다고 생각되기 때문입니다.

산골 소녀가 있었습니다. 그 소녀는 소원 하나를 가슴에 품고 있었습니다. 그 소원은 바로 파도가 일렁이는 바다를 직접 눈으로 보는 것이었습니다.

세월이 흘러 소녀는 처녀가 되었습니다. 처녀는 바다를 보기 위해 여행길을 떠났습니다.

여행길에서 다양한 사람들을 만났습니다. 함께 가자는 사람도 있었고 더 이상 가는 게 무의미하다고 말을 해주는 사람도 있었습니다. 그러나 처녀는 걸음을 멈추지 않았습니다.

그리고 마침내 네 갈래의 길에 이르렀습니다.
"어느 길이 바다로 가는 길일까?"
처녀는 그 자리에 주저앉았습니다. 어느 길로 가야할지 결정을 내릴 수 없었습니다. 그러다가 지나가는 농부를 따라 작은 마을에 도착했습니다. 그곳에서 농사일을 도와주며 몇 년을 보냈습니다. 그리고 또 낯선 이를 만나 장사를 도우며 몇 년을 보냈습니다. 그렇게 세월은 가고 어느새 처녀는 할머니가 되었습니다.

어느 날, 할머니가 된 그녀는 산 정상을 향해 올라갔습니다.

"그래, 산 위에서 보면 바다로 가는 길을 알 수 있을 거야."

추위와 무서움을 견디며 가파른 산을 올랐습니다. 숨이 턱 끝까지 차올랐지만 걸음을 멈추지 않았습니다. 그리고 가까스로 산 정상에 오를 수 있었습니다. 할머니는 저 아래 네 갈래 길을 내려다보았습니다. 그런데 그 네 갈래 길은 산을 에둘러 나가 다시 하나의 길로 합쳐져 있었습니다. 그 하나의 길이 바로 바다로 가는 길이었습니다.

할머니는 한숨을 내쉬며 혼잣말로 중얼거렸습니다.

'아무 길이나 선택해서 끝까지 가볼 걸.'

바다로 가는 길은 알았지만 할머니는 기운이 달려 끝내 바다로 갈 수 없었습니다.

이 이야기는 독일 작가인 롤란드 퀴블러(Roland Kubler)의 「네 갈래의 길」을 나름대로 정리한 것입니다. 꿈을 이루기 위해서 혹은 목표한 바를 달성하기 위해서 일단 전제되어야 할 것은, 당연한 얘기이지만 꿈과 목표를 정하는 일입니다. 그것들이 정해지지 않았다면 이룰 것도 달성할 것도 없으니까요.

꿈과 목표가 굳이 한 가지일 필요는 없습니다. 여러 개를 해낼 수 있는 능력을 가졌다면 여러 개가 더 유리하겠지요. 허나 잊지 말아야 할 건 꿈과 목표가 한 가지든 여럿이든 한 번 정해진 일이라면 후회 없이 끝까지 해봐야 한다는 겁니다. 이 정도면 되겠지 하고 적당히 넘기지 말고 한계에 다다를 때까지 멈추지 말고 끝을 보라는 겁니다.

예전에 인터넷에서 '멍청한 스케이터'라는 제목의 동영상을 봤는데 그 동영상은 끝까지 하지 않으면 낭패를 당한다는 걸 여실히 보여줬습니다.

세계 롤러스피드스케이팅 선수권대회 결승전의 장면인데 선수들은 결승선을 향해 전광석화처럼 재빠르게 달려갑니다. 그런데 선두에서 두각을 나타내는 이가 있었습니다. 그 선수는 콜롬비아 국가대표 선수인 알렉스 쿠야반떼. 그는 결승선이 점점 가까워지자 승리를 확신했습니다. 그는 허리를 일으켜 세우고 관중들을 향해 두 팔을 번쩍 들어 세리모니를 했습니다. 관중들은 환호했습니다. 그런데 그가 방심한 사이 뒤쫓아 오던 우리나라 이상철 선수가 먼저 결승선을 통과하는 쾌거를 이뤄냈습니다.

정말로 눈 깜박할 사이에 일어난 일이었습니다. 콜롬비아 선수는 망연자실한 표정으로 어쩔 줄 몰라 했습니다. 동영상은 여기까지입니다.

그 동영상을 본 네티즌들의 댓글을 보니 대부분 이런 식이었습니다.

"고맙다. 너 때문에 우리나라 선수가 우승했다."

"샴페인을 너무나 일찍 터트렸군."

"방심하더니 잘 됐다. 쌤통이다."

저 역시 네티즌들과 생각이 별반 다르지 않았습니다. 그 동영상을 보고 쯧쯧 혀를 차며 혼잣말로 말했습니다.

"그러게 끝까지 최선을 다했어야지."

마지막 그 한 번을 참지 못해 모든 일을 그르치지 않아야 합니다. 일찍이 벤저민 프랭클린는 이렇게 말한 바 있습니다.

"혹시 돌을 깨는 석공의 일하는 모습을 자세히 관찰해 본 적이 있습니까? 석공은 아마 똑같은 자리를 묵묵히 백 번은 족히 두드릴 것입니다. 갈라질 징조가 보이지 않더라도 말입니다. 하지만 백한 번째에 돌은 갑자기 두 조각으로 갈라지고 맙니다. 이는 한 번의 망치질 때문이 아니라 바로 그 마지막 한 번이 있기 전까지 내려쳤던 백 번의 망치질이 있었기 때문입니다."

또 하나 들려주고 싶은 이야기가 있습니다.

멕시코 중서부 시에라 협곡에 타라후마라 부족이 살고 있는데 이들의 삶의 방식을 보면 끝까지 하는 힘의 중요성을 다시 한 번 느끼게 됩니다.

그들은 걷기와 달리기에 아주 능합니다. 가까운 거리든 먼 거리든 늘 걷고 달립니다. 심지어 사냥을 할 때도 달리기로 승부를 봅니다. 우선 조금 떨어진 곳에서 사슴 한 마리를 발견합니다. 한 부족원이 사냥하기 위해 사슴 쪽으로 달려갑니다. 인기척에 놀란 사슴은 긴 다리를 이용해 황급히 달아납니다. 순발력이 빠른 사슴은 부족원을 저 멀리 따돌립니다. 멀리 달아난 사슴을 보고도 부족원은 당황하지 않습니다. 아직은 결과를 단정 짓기 이릅니다. 부족원은 계속해서 사슴을 쫓습니다. 중반부에 접어드니 서서히 부족원과 사슴의 거리가 좁혀집니다. 사슴의 속도가 처음보다는 많이 줄어듭니다. 후반부로 갈수록 사슴의 속도가 현저히 줍니다. 결국 부족원의 손에 사슴이 잡히고 맙니다.

이 부족원의 사냥법은 달리 다른 게 없습니다. 끝까지 달림으로써 사냥감을 지치게 하는 겁니다. 괜히 다른 것에 마음을 뺏기게 되면 원래 쫓던 사냥감마저도 놓치게 된다는 걸 그들은 잘 압니다. 그러기 때문에 한 번 사냥감이 정해지면 다른 것에 눈을 돌리지 않습니다. 오직 그 사냥감만을 바라보고 달립니다.

"꿈을 이루기 위해 어떻게 해야 합니까?"
다시 이 질문으로 돌아갑니다. 대답은 다음과 같습니다.
꿈을 이룬 자들은 하나 같이 집념의 승부사입니다. 도중에 포기한 사람이 성공했다는 소리는 그 어디에서도 듣지 못했습니다. 그걸로 대답이 됐으리라 생각됩니다.

어디선가
나를
보고 있는
수많은
시선들

새로운 영화가 만들어지면 극장 개봉하기에 앞서 보통 시사회를 엽니다. 제작자는 시사회를 통해 관객들의 붐업을 유도하고 시사회에 참석한 사람들의 반응을 세세히 분석해 홍보 시 참조도 합니다. 신제품 역시 출시가 되면 본격적인 마케팅에 앞서 사전 소비자 반응조사를 합니다.

"새로 나온 이 제품, 어떻습니까?"

마케터가 소비자에게 다가가 공개적으로 제품에 대해 물으면 대부분 다 좋다고 평가를 해줍니다. 사실 신제품에 대해 실망스러운 구석이 있다고 해도 대놓고 말하기는 좀 그렇습니다. 고생해서 만들었는데 괜히 좋지 않다고 말하면 실례나 결례라 생각하기 때문입니다. 좋은 게 좋은 거라고 굳이 얼굴 붉히면서까지 솔직히 말할 필요가 있겠습니까?

상황이 이렇다 보니 마케터가 소비자의 진심을 정확히 파악하는 데 한계가 있습니다. 그래서 나온 것이 몰래카메라를 이용한 소비자 반응조사입니다.

광고 회사 초년생 때 신제품에 대한 소비자들의 솔직한 반응을 듣기 위해 선배들을 따라 한 특수한 장소로 갔습니다. 그곳은 소비자들의 반응을 몰래 훔쳐볼 수 있는 그런 곳이었습니다. 쉽게 설명하자면 안에서는 밖이 보이지 않고 밖에서는 안이 보이는 반사유리가 설치된 곳이었습니다.

열 명 정도의 주부 평가단이 들어왔고 신제품인 웰빙 과자 시식과 동시에 평가의 시간이 이어졌습니다. 주부 평가단은 누군가가 밖에서 지켜보는 줄 모르는 듯 아주 사실적으로 맛을 평가했습니다.

"맛은 없다."

"설탕이 없다잖아요. 난 담백해서 좋은데."

"난 줘도 안 먹겠네요. 과자가 기본적으로 맛이 있어야지 아무런 맛도 없어. 이건 과자가 아니야. 개도 안 먹겠다."

지나치게 직설적인 표현에 좀 당황스럽기도 했지만 어쨌든 솔직한 반응을 볼 수 있어 향후 마케팅 계획을 잡는 데 큰 도움이 되었습니다. 그리고 무엇보다도 그들의 수다가 참으로 흥미로웠습니다.

"그나저나 돈은 언제 준대?"

"끝나면 주겠죠. 5만원 벌기 쉽네. 이런 일만 계속 있으면 좋겠다."

"그러게요. 그나저나 우리끼리 이렇게 떠들면 되는 건가? 왜 아무도 안 들어오죠?"

"상관없죠, 뭐. 시간 되면 가는 거죠."

통제하는 사람이 없다 보니 주부 평가단들은 서서히 긴장을 풀기 시작했습니다. 거울 앞에서 이를 쑤시는 주부, 인상을 찌푸리며 전화통화를 하는 주부, 머리를 만지며 예쁜 표정을 짓는 주부, 엉덩이에 낀 바지를 빼는 주부….

그런 행동들을 지켜보고 있자니 웃음이 절로 나왔습니다.

훔쳐본다는 것이 참으로 재미있고 묘한 쾌감까지 준다는 걸 그 때 느꼈습니다.

업무를 마치고 집으로 오는 길, 문득 이런 생각이 들었습니다.

'혹시 누군가가 나를 몰래 훔쳐보고 있는 거 아냐?'

그런 생각을 하니 섬뜩하기도 하고 두려웠습니다. 사실 우리는 우리도 모르는 사이에 많은 부분이 노출되고 있습니다. 길거리나 골목 그리고 은행, 백화점, 마트 등을 보십시오. CCTV가 없는 곳이 없습니다. 버스나 자동차에도 블랙박스가 설치되어 있습니다. 하루에도 수십 아니 수백 개의 카메라 렌즈들이 우리들을 노려보고 있고 그 모습들이 어디론가 전송되고 있습니다.

이런 일도 있습니다. 한 국회의원이 국회 본회의장에서 스마트폰으로 누드사진을 보다가 카메라에 잡혔습니다. 한동안 포털 사이트 검색어 순위에 1위를 차지했고 뉴스에 보도되기도 했습니다. 그 국회의원은 아마도 이렇게 생각했을 겁니다. '카메라 성능이 아무리 좋다고 해도 이 작은 스마트폰의 화면까지 잡을 수 있겠어?' 그런데 설마가 사람 잡았습니다. 카메라에 고스란히 그 장면이 찍힌 것입니다. 결국 국회의원은 망신스러운 일을 당했습니다.

제 아이에게도 이런 일이 있었습니다. 일곱 살 때, 동네 슈퍼마켓에서 초등학교 1학년인 동네 누나랑 과자 한 봉지를 훔치다 주인에게 걸린 적이 있었습니다. 훔치는 장면이 CCTV에 찍혔기 때문입니다. 저는 아이 대신 주인에게 잘못을 빌고 용서를 구했습니다. 주인은 그저 허허 웃으며 넘어갔습니다. 아이들은 CCTV가 설치되었다는 사실을 몰랐던 모양입니다.

우리는 지금 비밀이 없는 시대에 살고 있습니다. 시간이 지날수록 과학의 발달로 인해 훔쳐보기는 더더욱 정교하고 은밀해질 것입니다. 이로 인해 생활은 불편해지고 꺼림칙하며 스트레스는 점점 증가하겠지요.

어쩔 수 없는 이 상황, 피할 수 없다면 즐기라는 말이 있지 않습니까? 달리 생각하는 건 어떨까요? 내 삶을 감시하는 이러한 장치들이 나를 좀 더 바르게 살게 인도해주는 안내자라고 생각하는 겁니다.

살다 보면 순간순간 나쁜 유혹과 마주칠 때가 있습니다. 그게 쾌락일 수도 있고 남을 속여야 하는 거짓일 수도 있고 친한 동료를 배신하는 일일 수도 있습니다. 그런 상황이 닥치면 고민을 하게 됩니다. 나에게 즐거움이 되거나 이익이 된다면 유혹을 뿌리치기가 힘듭니다.

그때 이 생각을 하십시오.

'분명 누군가가 나를 보고 있어. 완전한 비밀은 없지. 이 모든 것이 녹화가 되고 있어.'

이런 생각을 한다면 감히 나쁜 짓을 할 수가 없습니다. 흔들리는 마음을 조절할 수 있게 됩니다.

옛말에 이르기를 '신독(愼獨)'하라 했습니다. 남이 보지 않는 곳에 혼자 있을 때에도 도리에 어긋나지 않도록 조심하여 말과 행동을 삼가란 뜻입니다. 이런 말도 있습니다. '독립불참영 독침불괴금(獨立不慙影 獨寢不愧衾).' 홀로 서 있어도 자기 그림자에게 부끄러움이 없고 홀로 잘 때에도 자기 이불에게 부끄러움이 없다, 라는 뜻입니다.

영화 『나는 네가 지난 여름에 한 일을 알고 있다』라는 제목처럼 누군가는 알고 있습니다. 비밀이 없는 시대를 살면서 굳이 비밀스러운 일을 만들 필요는 없습니다. 설령 CCTV가 잡아내지 못한 것들이 있다 해도 분명 이 세상 사람들 중에 적어도 단 한 명은 내 모든 것을 지켜보고 있습니다. 바로 나 자신 말입니다.

돈과
성공이
인생의
전부가
아니라는
뻔한
말

사람들마다 관심사가 다릅니다. 아무래도 살아왔던 방식이나 삶의 목표 혹은 직업, 지금 처해 있는 상황이 다르기 때문일 것입니다. 축구선수의 꿈을 가진 사람의 머릿속엔 온통 축구공만 있을 것이고, 선거철 정치인에게는 국민의 표심 향방에 온 신경이 집중되어 있을 것이고, 취업을 준비하는 학생에겐 오직 합격이라는 목표만이 있을 겁니다. 주식에 관심이 많은 사람은 경제

신문을 볼 것이고, 또 이자로 먹고 사는 사람은 눈뜨자마자 은행의 이율을 확인할 것이고, 방송국 PD는 시청률에 민감할 것입니다.

저 역시 관심사가 있습니다. 글을 쓰고 책을 펴내는 사람이다 보니 저의 안테나는 늘 새로 나온 책이나 다른 작가들의 근황에 향해 있습니다. 관심을 두고 있던 작가의 신간이 나오거나 요즘 책의 경향이 궁금하면 곧장 서점으로 달려갑니다. 지갑에 돈이 좀 있는 날이면 평소 읽고 싶었던 책들을 몽땅 사들고 휘파람을 불며 집으로 옵니다. 돈이 없는 날이면 그냥 서점 한 구석에 쪼그리고 앉아 염치불구하고 책을 읽습니다.

그런데 언제부턴가 제 인생에 작가라는 타이틀이 큰 비중을 차지하게 되고 생활을 꾸려나가는 수입원이 되다 보니 밥벌이에 대한 부담감이 점점 늘어만 갔습니다. 그래서 요즘은 서점에 가도 예전처럼 마냥 즐겁고 행복하지만은 않았습니다. 내 책은 잘 팔리고 있는지, 좋은 자리를 차지하고 있는지, 몇 쇄나 찍었는지 등을 서점 여기저기를 돌아다니며 찾아보고 펼쳐보게 됐습니다. 그나저나 언제쯤 내 책도 베스트셀러 진열대에 딱 하니 자리 잡을까, 이런 생각을 하다 보면 집으로 돌아오는 발걸음마저 무거워지곤 했습니다. 갑자기 마음속에 돈과 성공에 대한 집착이 불타오르기도 했지요.

이런 저런 혼란 속에서 괴로워하다 잠을 이룰 수 없을 때, 다행히 한 권의 책이 제 마음을 다독거려주고 진정을 시켜주었습니다. 바로 미치 앨봄의 『모리와 함께한 화요일』입니다. 이 책을 통해 지나치게 돈과 성공에 집착하다 보면 자칫 인생에서 귀중한 무언가를 보지 못하거나 잃어버린다는 것을 깨닫게 되었습니다. 잠시 한 대목 소개해드리겠습니다.

"미치, 나도 '영혼을 개발하는 것'이 진짜 무엇을 의미하는지 모른다네. 하지만 우리가 어떤 면으로 참 부족하다는 점은 잘 알지. 우린 물질적인 것에 지나치게 관계되어 있으면서도, 거기서조차 만족을 얻지 못하네. 사랑하는 관계, 우리를 둘러싼 우주⋯⋯우린 그런 것을 너무 당연하게 받아들인다구."

그는 해가 드는 창을 고개로 가리켰다.

"저거 보이나? 자네는 저 밖에 나갈 수 있지. 언제든 밖으로 나갈 수 있어. 이 동네에서 저 동네로 마구 달려갈 수 있어. 나는 그러지 못하네. 나갈 수 없어. 물론 달리는 것은 더더욱 불가능하네. 밖에 나가면 병이 심해질까 두렵지. 하지만 자네, 아나? 자네보다 내가 저 창을 더 제대로 감상한다는 것을."

"창을 제대로 감상해요?"

"그래. 매일 저 창 밖을 내다보지. 나무가 어떻게 변하는지, 바람이 얼마나 강해졌는지도 알아차린다네. 그것은 시간이 창틀을 지나치는 것을 아는 것과 비슷하지. 내 시간이 거의 끝났음을 알기에, 처음으로 자연을 보는 것처럼 그렇게도 자연에 마음이 끌린다네."

그러고 보니 우리들은 욕망, 물질, 목표, 돈에 목매며 살아왔던 것 같습니다. 이런 것을 갖추고 이뤄야만 성공한 삶이라 알고 지내왔습니다. 그래서 뒤도 옆도 안 보고 앞만 보고 달려온 것 같습니다. 이건 마치 결승점을 향해 거친 숨을 몰아쉬며 달리는 경주마와 같지 않습니까? 경주마는 시합하기에 앞서 눈가리개뿐만 아니라 얼굴가면 그리고 귀가면 등을 착용합니다. 한눈을 팔지 못하게 하기 위해서입니다. 오직 목표점을 향해 앞만 보고 달려야만 1등을 따낼 수 있기 때문입니다.

그러나 우리 인간은 경주마가 아닙니다. 물론 목표점을 남보다 빨리 도달하면 좋을 수 있습니다. 그렇지만 그게 전부는 아닙니다. 어떤 목적을 향해 나아갈 때 그 목적에 지나치게 집착을 하게 되면 조급증과 불안함이 오히려 일을 망치게 됩니다. 과욕과 집착은 목적을 방해할 뿐만 아니라 온갖 번뇌와 고민과 갈등으로 정신을 황폐하게 만듭니다. 혹여 현실 충족과 치열한 경쟁을 핑계로 우리는 소중한 가치와 세상의 아름다운 것들을 외면하고 사는 건 아닌지 스스로를 되돌아봐야 합니다.

    인생은 우리에게 물질적 성공만을 요구하지 않습니다. 길가에 핀 아름다운 꽃을 왜 산에 오를 때는 못 보고 내려올 때 발견해야 합니까? 목적을 향해 가는 길에서도 꽃을 발견하고 잠시나마 꽃과 대화하고 마음을 나눌 수 있는 여유를 가질 수 있도록 해야 합니다. 어쩌면 그 꽃과의 짧은 교감이 우리가 인생으로부터 얻는 최고의 축복이고 행복의 전부일 수도 있습니다.

    성공과 성과의 집착으로 인해 마음이 복잡하고 자아가 혼란스러울 땐 자연주의자 헨리 데이비드 소로우(Henry David Thoreau)의 삶을 들여다봅니다.

    그는 하버드 대학을 졸업한 후 안정적인 직업을 갖지 않고 소박하고 진정한 삶을 찾기 위해 1845년 월든 호숫가의 숲 속에 통나무집을 짓고 그곳에서 밭을 일구며 살아갑니다. 2년 2개월이란 시간 동안 자연과 깊이 교감하며 진짜로 자연인이 되어

목적을 향해 가는 길에서도 우리는 충분히 꽃을 발견하고 마음을 나눌 수 있다.
어쩌면 그 꽃과의 짧은 교감이 우리가 인생으로부터 얻는 행복의 전부일지도 모른다.

갑니다.

모든 사람들이 소로우처럼 숲 속 생활을 할 순 없습니다. 당장 해야 할 일이 있고 지켜야 할 것들이 있기 때문입니다. 그렇지만 그의 삶이 우리에게 시사하는 바는 분명 있습니다. 언제 시간이 되면 꼭 한 번 소로우의 『월든』을 펼쳐보길 바랍니다. 마치 숲 속 한가운데 있는 듯 마음의 여유와 자연의 소리를 느낄 수 있을 것입니다. 본연의 나 자신을 만날 수 있고 삶의 소용돌이에서 잠시 벗어나는 그 행복감을 느낄 수 있을 겁니다. 눈에 보이는 것들에 대한 집착과 보이지 않는 가치와의 균형을 적절하게 유지하는 데 큰 도움이 될 겁니다.

위 대 함 과
평 **범** 함 을
가 르 는
아 주 작 은
사 **소** 한
차 이

요즘 MBC 예능 프로그램 일밤의 「진짜사나이」를 즐겨 봅니다. 대여섯 명의 연예인들이 군부대에 입소해 현역 군인들과 함께 동고동락을 하는데, 군 생활 속에서 일어나는 다양하고 재미있는 에피소드들이 가슴 찡한 감동을 이끌어냅니다. 그 프로그램이 군대를 다녀온 사람에겐 향수를 자극하고 입대를 앞둔 사람들에겐 예행연습의 효과가 있는 것 같습니다. 그래서 그런지 몰라도 시청자들의 많은 사랑을 받고 있습니다.

 지난번에는 박격포 사격 훈련에 참가한 가수 미르의 모습이 방영되었습니다. 미르에게 주어진 임무는 탄약수였습니다. 훈련 교관은 미르에게 주의사항을 말했습니다.

 "탄약수가 보기엔 단순하지만 아주 중요하다. 포탄을 넣을 때 한 치의 흔들림이 없이 포구에 넣어야 한다. 또한 포탄을 넣은 후 손을 뺄 때 앞으로 빼면 자칫 손이 크게 다칠 수 있다. 조심하도록."

 실수를 하면 크게 다친다는 말에 미르의 얼굴에 긴장감이 돌았습니다.

 드디어 실전포격의 순간이 다가왔습니다. 미르는 상기된 얼굴로 포탄을 포구에 집어넣었습니다. 큰 굉음과 함께 포탄이 날아갔습니다. 잠시 뒤, 포탄은 산 중턱에 떨어졌습니다. 포격의 결과는 명중 실패였습니다. 두 번째 역시, 세 번째 역시 모두 다 명중 실패였습니다.

 조준도 잘했고 포에도 이상이 없는데 무엇이 문제였을까요? 문제는 바로 탄약수인 미르에게 있었습니다. 너무나 긴장한 나머지 포탄을 포구에 넣을 때 손이 흔들렸던 것입니다. 두 번째도 세 번째도 그의 손이 흔들렸습니다.

본인이 느끼기에는 아주 미세한 흔들림이었겠지만 그 결과는 참담했습니다. 이 장면을 보면서 문득 세계적인 전자회사인 필립스의 명카피가 생각났습니다.

'작은 차이가 명품을 만든다.'

작은 차이가 결국 승패를 좌우하는 것입니다.

재래드 다이아몬드의『제3의 침팬지』에 따르면 인간의 유전 형질과 침팬지의 유전 형질은 거의 같다고 합니다. 다른 부분은 겨우 1.6%에 지나지 않았습니다. 그러나 그 아주 작은 차이가 인간을 만물의 영장으로 우뚝 서게 했다고 합니다. 작은 차이가 얼마나 중요한지 알 수 있는 대목입니다.

시스티나 성당의 천장화와 다비드 상 조각으로 유명한 예술의 거장인 미켈란젤로에 관한 이런 일화가 있습니다. 작업실을 방문한 한 중년 신사가 미켈란젤로에게 말했습니다.

"미켈란젤로, 당신은 아주 위대한 조각가입니다. 제가 이런 말을 하는 게 실례인 줄은 알지만 할 말은 해야겠습니다."

"무슨 말씀이신데 그렇게 심각한 얼굴을 하십니까?"

그 중년 신사는 미켈란젤로에게 조각 작품을 의뢰한 사람

인간과 침팬지는 거의 같은 유전 형질을 가지고 있다.
다른 부분은 겨우 1.6%.
그러나 그 아주 작은 차이가
인간을 만물의 영장으로 우뚝 서게 했다.

이었습니다. 중년 신사는 조각품을 다시 한 번 살펴보더니 퉁명스럽게 말했습니다.

"제가 지난달에 여기를 왔습니다. 딱 한 달 만에 여길 왔는데 그때나 지금이나 별 달라진 게 없네요. 얼마나 진척되었는지 도무지 알 수가 없습니다."

그러자 미켈란젤로는 조각품을 가리키며 말했습니다.

"여기 잘 보세요. 이 부분을 다시 손질했습니다. 좀 닦아내 부드럽게 만들었습니다."

중년 신사는 불만 섞인 목소리로 다시 말했습니다.

"겨우 이 작업을 한 달 동안 했단 말입니까?"

미켈란젤로는 입술을 앙다문 채 고개를 내저었습니다.

"당신이 보기엔 이 작은 변화가 아주 사소하게 보일진 모르지만 절대로 그렇지 않습니다. 이 사소한 차이가 훗날 역사를 바꿀 것입니다. 내 작업 스타일이 맘에 들지 않는다면 지금이라도 관두세요."

"아,아닙니다. 알겠습니다."

중년 신사는 더 이상 미켈란젤로에게 재촉하지 않았습니다.

만약 미켈란젤로가 그 작은 부분에 대해 대충 넘어가고 소홀히 했다면 과연 그가 지금까지도 회자가 되는 위대한 예술가로 살아남아 있을 수 있었을까요? 그렇지 않습니다. 위대함과 평범함의 차이는 바로 이 작은 부분에서 시작되는 겁니다.

'이 정도는 아주 작은 부분이니까 괜찮을 거야.'

이런 식으로 대충 넘어가다 보면 나중엔 큰 낭패를 봅니다. 아주 미세한 차이가 최고를 만들기도 하고 최악을 만들기도 합니다. 명품인생을 살기 원합니까? 아니면 불량인생을 살기 원합니까? 작은 습관 하나, 작은 생각, 순간의 집중력, 사물을 바라보는 관점에 당신의 미래가 달려 있습니다.

익숙해지지 마라
행복이 멀어진다

초판 1쇄 발행 2014년 7월 10일
초판 4쇄 발행 2016년 10월 25일

지은이 | 김이율
발행인 | 이원주

임프린트 대표 | 김경섭
기획편집 | 김순란 · 강경양 · 한지은 · 정인경
디자인 | 정정은 · 김덕오
마케팅 | 노경석 · 조안나 · 이유진
제작 | 정웅래 · 김영훈

발행처 | 지식너머
출판등록 | 제2013-000128호
주소 | 서울특별시 서초구 사임당로 82 (우편번호 137-879)
문의전화 | 편집 (02) 3487-1650, 영업 (02) 2046-2800

ISBN 978-89-527-4845-4 03810

본서의 내용을 무단 복제하는 것은 저작권법에 의해 금지되어 있습니다.
파본이나 잘못된 책은 구입하신 곳에서 교환해드립니다.